화를 이기는
불편한 심리학

평범한 사람도
'얕고 느슨한 사이코패스'가 될 수 있다

화를 이기는
불편한 심리학

── 다카시나 다카유키 지음 | 신찬 옮김 ──

밀리언서재
Million Publisher

철학자 한나 아렌트는 누구나 어떤 상황에 놓이면 다른 사람들에게 악행을 저지를 수도 있다고 하며, 이를 두고 '악의 평범성'이라고 말했다. 지극히 평범한 사람들도 무의식 속에 내재된 분노와 그럴 만한 이유가 있다는 거짓 정의에 사로잡혀 상대를 공격할 수 있다는 것이다. 평범한 일상에서도 누구에게나 잠재된 공격성이 눈뜰 계기가 도사리고 있다. 그리고 언제, 어떤 계기로 누구나 피해자가 될 수도 있고, 가해자가 될 수도 있다.

"마음은 빙산과 같아서 그 부피의 7분의 1만이 물 위에 떠 있다. 그렇기에 인간은 무의식적인 충동에 사로잡혀 분노와 공격성을 표출할 수 있다. 억압된 감정과 욕망은 절대 사라지지 않고 무의식 속에 묻혀 있다가 더 강력한 분노로 드러난다."

_지그문트 프로이트

"분노는 종종 우리가 이해하지 못하는 고통과 연결되어 있다. 우리의 내면을 깊이 들여다보고 그 고통의 뿌리를 발견하는 것이 중요하다. 인간관계에서 화가 나는 일이 있을 때, 우리는 진정성을 가지고 대화해야 한다. 우리의 감정을 솔직하게 표현하고, 상대방을 이해하려는 노력이 필요하다."

_틱낫한

"분노는 우리의 욕망이 좌절되었을 때 발생하는 자연스러운 반응이다. 그것은 우리의 본성에서 비롯된 것이므로, 우리는 이를 이해하고 관리할 필요가 있다. 하지만 분노는 우리의 이성을 흐리게 하고, 우리를 잘못된 행동으로 이끌 수 있다. 그것은 결국 우리 자신에게 해로울 뿐이다."

_아르투어 쇼펜하우어

돌고래도
분노하게
만드는 것

돌고래 세계에도 왕따가 있다는 사실을 아십니까?

돌고래는 영리하고 사랑스러우며 다정한 동물로 알려져 있습니다. 떼를 지어 헤엄치는 모습은 평화로움 그 자체이며 왕따와는 애초에 거리가 멀어 보입니다.

하지만 실제로는 작은 돌고래나 약한 돌고래를 집단으로 폭행하는가 하면, 노리개처럼 장난치고 놀다가 죽이거나 그 시체까지 희롱하는 습성이 있다고 합니다. 무리 속에 사는 새끼 돌고래조차 공격의 대상이 됩니다.

이런 행동이 자행되는 이유는 놀랍게도 단지 스트레스를 해소하기 위해서라고 합니다. 동물의 세계라고 하면 흔히 생각하게 마련인 적자생존처럼 약한 개체를 배제하고 강한 개체만으로 무리를 유지하려는 필연적인 목적이 있는 게 아닙니다.

그렇다면 이런 의문이 들 수도 있습니다. '지능이 높은 돌고래가 왜 이런 불합리한 행동을 하는 거지?' 그러나 오히려 너무 똑똑해서 일어나는 행동입니다.

체중 대비 뇌의 비율이 인간 다음으로 큰 돌고래는 무리를 지어 살면서, 초음파를 사용하여 동료끼리 의사소통을 하고 감정을 주고받습니다.

지능이 높으며 고도의 의사소통 능력을 갖추고, 가정이나 직장, 학교와 같은 작은 무리 내에서 일상을 영위하며, 이기적인 욕구 때문에 동족을 공격하는 것이, 그야말로 우리 인간과 닮았습니다.

인간은 유사 이래로 전쟁부터 일상적인 다툼에 이르기까지 끊임없이 동족을 공격하고 상처를 입혀 죽음에 이르게 해 왔습니다.

이 책은 '사람은 왜 사람을 공격하는가?'에 주목하여 다른 사람의 공격으로부터 내 몸과 마음을 지키는 방법을 알려드리고자 합니다.

최근 들어 자주 거론되는 말 중에 '사이코패스(psychopath)'가 있습니다. 간단히 말하면 양심이나 죄책감이 결여된 반사회적 인격을 가진 사람을 이르는 말입니다.

사이코패스라고 하면 단순히 흉악한 범죄를 일으키는 위험한 인물이라고 생각합니다. 그래서 '그런 사람들이 얼마나 많겠어?', '무섭지만 소설이나 영화 속에나 나오는 존재 아냐?', '내 주변에는 사이코패스가 없는데?'라고 생각하는 사람들이 많을지 모릅니다.

하지만 사이코패스는 우리 가까이에 존재할 뿐 아니라 때로는 누구나 사이코패스와 같은 성향을 보일 수 있습니다.

'누구나 그렇다'는 것은 당신도 예외가 아니라는 뜻입니다.

온순하게만 보이는 돌고래가 스트레스로 잔학함을 드러내듯이, 선량한 보통 사람들이 생각지도 못한 상황에서 위험인물로 돌변할 수도 있습니다.

흉악 범죄가 일어났을 때, 범인을 잘 아는 사람들 중에 '원래 위험한 사람이었다'라고 말하는 이들은 드물 것입니다. 모두 입을 모아 평소에 '조용한 사람' 또는 '그냥 평범한 사람'이었다고 말합니다. 하지만 이 말은 거짓말이 아닙니다.

뜻밖의 실수로 사람을 공격했을지라도, 진짜 사이코패스

화를 이기는 불편한 심리학

가 아니면 비록 법적인 처벌을 받지 않더라도 평생 후회와 죄의식에 시달릴 수 있습니다.

　이 책은 '다른 사람의 공격으로부터 내 마음을 보호'하기 위한 책이라고 말했습니다. 그런데 '그 사람'에는 여러분 자신도 포함됩니다. 잠재된 사이코패스로부터 가까운 지인이나 자신을 보호하는 데 도움이 되기를 바랍니다.

다카시나 다카유키

제2장 │ 불편한 심리를 마주하는 것이 첫걸음

제3장 │ '얇고 느슨한 사이코패스'가 눈뜨는 순간

제4장 │ 무의식에서 튀어나온 '깊고 느슨한 사이코패스'

제5장 │ 왜 사랑과 배려가 분노로 변하는가?

제6장 | 나를 지키는 대반격의 드라마

"사이코패스와의 관계에서 명확한 경계를
설정하는 것이 중요하다. 그들은 타인의 경계를
무시하고 조작하려 하기 때문에,
단호하고 명확한 한계를 정하고 이를 지켜야 한다."

사이코패스 연구의 권위자, 로버트 D. 헤어

제1장

가까운
사람일수록
공격하는
심리

누구나
느슨한 사이코패스가
될 수 있다

"모든 고민은 인간관계에서 비롯된다."

나이와 성별을 불문하고 많은 사람들의 고민을 듣다 보면 정신의학자 알프레드 아들러(Alfred Adler)의 이 말을 여실히 실감하게 됩니다. 많은 사람들이 누군가의 공격에 고민하고 힘들어하기 때문입니다.

상대를 공격하는 방식은 매우 다양합니다. 폭언이나 폭력 등 직접적인 것도 있고, 말을 무시하거나 듣지 않기도 하고, 가해자 자신의 손을 더럽히지 않는 간접적인 방식으로 피해자를 몰아붙이기도 합니다.

공격의 방식이 어떻든 공통적인 점은 처음에는 작은 불씨로 시작되었지만 어느새 많은 사람들이 휘말려 걷잡을 수 없는 큰불로 이어진다는 것입니다.

그런데 냉정하게 생각하면 '공격을 계속하다가는 상대가 망가지고 만다'는 사실은 아주 어린아이가 아니고서야 누구나 알 수 있습니다.

공격하는 쪽도 당연히 위험 부담이 있습니다. 피해자가 경찰에 신고할지 모르고, 그렇게 되면 재판을 받고 법적인 처벌과 함께 고액의 배상금을 물어야 할 수도 있습니다. 또한 인터넷이나 SNS 등에 이름이나 얼굴 사진, 사는 곳 등이 공개되어 본인뿐만 아니라 가족까지 얼굴을 들고 다니지 못하게 될지도 모릅니다.

공격하는 쪽이나 공격받는 쪽이나 기다리고 있는 것은 지옥뿐입니다. 그런데도 왜 멈추지 못하는 걸까요?

공격하는 사람은 '상대를 철저하게 짓밟아야 한다'는 관념에 사로잡혀 마치 표적의 숨통이 끊어질 때까지 추격을 멈추지 않는 AI 로봇과 같습니다.

평범한 사람이
냉혹한 공격자로 바뀌는 순간

'평범한 사람이라면 그렇게 벼랑 끝까지 몰아붙이지는 못한다. 그런 짓을 할 수 있는 사람은 일말의 양심도 모르는 사이코패스일 것이다'라고 생각할지도 모릅니다. 하지만 실상은 어떨까요?

2020년도 일본의 전국 초·중·고등학생의 '집단 괴롭힘, 학교 폭력' 건수는 약 52만 건으로 7년 만에 줄어들었습니다. 이는 코로나19로 인한 휴교로 수업 일수와 동아리 활동의 감소와 무관하지 않을 것입니다. 대신 인터넷에서 비방이나 중상과 같은 괴롭힘은 증가하고 있습니다. (문부과학성, '2020년도 아동 학생의 문제행동, 등교 거부 학생의 지도상 모든 과제에 관한 조사 결과 개요')

왕따라고 하면 왠지 가벼운 문제라는 인상을 주지만 공갈, 모욕, 폭행과 같은 범죄행위입니다. 사람의 몸과 마음을 망치는 잔혹한 행위를 10대 아이들이 태연하게 자행하고 있다고 생각하면 참으로 염려스럽습니다.

그런데 '집단 괴롭힘, 학교 폭력'으로 인지된 약 52만 건의 가해자가 모두 진짜 사이코패스일까요? 그렇게 생각하기는 힘듭니다.

미국과 유럽은 사이코패스가 인구 대비 4%이고, 일본은 그 10분의 1이라는 보고가 있습니다. 이 수치로 계산해보면 일본의 사이코패스 인구는 약 250명에 1명꼴입니다. 각 학교의 한 학년에 한 사람 있을까 말까 한 정도입니다.

이 말은 사이코패스가 아닌 보통 아이들이 때로는 죽음으로 치닫게 할 정도로 친구를 괴롭힌다는 것입니다.

성인의 집단 괴롭힘 문제도 심각합니다. 2021년도 일본의 노동분쟁 관련 상담 건수 중 '직장 내 괴롭힘'에 관한 상담이 10년 연속으로 최대치에 달했습니다. (후생노동성, '2021년도 개별 노동분쟁해결제도의 실시 상황')

사이코패스의 특징은 일반적으로 다음과 같습니다.

① 차갑고 잔인하다.
② 공포를 느끼지 못한다.
③ 충동적으로 행동한다.
④ 항상 자신감이 넘쳐 보인다.
⑤ 목표 달성을 위한 집중력이 높다.
⑥ 강한 압박에도 냉정하다.
⑦ 정신적으로 거칠다.
⑧ 사람의 마음을 묘하게 끈다.

⑨ 카리스마가 강하다.

⑩ 공감 능력이 떨어진다.

⑪ 양심이 없다.

진짜 사이코패스가 아닌 사람도 위와 같은 특징 중 몇 가지 요소가 발현될 때가 있습니다. 왜 그런 일이 일어나는 걸까요?

다음에는
내가 공격의 대상이
될 수도 있다

직장이나 각종 동호회, 학부모 모임 등에서 교류하는 사람 중에 별로 친하지는 않고 얼굴과 이름 정도만 아는 지인을 떠올려봅시다.

당신은 그 사람을 좋아하지도 싫어하지도 않습니다. 그 사람을 A씨라고 합시다.

어느 날 동료 한 명이 "A씨를 어떻게 생각해요?"라고 물었습니다.

누군가 "얼마 전 약속 시간에 15분이나 늦게 왔지 뭐예요"라고 말하자, 또 다른 누군가는 "시간 개념이 없구나. 근데 A씨는 항상 지갑에 영수증이 한가득이에요"라고 말합니다. 그러자 또 다른 누군가가 "분명 집에도 쓸모없는 물건이 넘치고, 정리 정돈도 잘 안 할 거 같지 않아요?"라고 거듭니다.

이런 이야기에 불편함이 느껴져 멋쩍어하고 있는데, 드디어 당신에게도 질문이 날아듭니다.

"자기는 어떻게 생각해요?"

모두의 시선이 당신에게 쏠리고 한마디도 놓치지 않겠다는 듯 귀를 기울입니다. 그런 자리에서 '당사자가 없는 데서 남 흉보는 건 좋지 않다고 생각해요. 궁금한 게 있거나 마음에 들지 않으면 A씨에게 직접 말해보지 그래요?' '잘 모르는 사람이라서 뭐라고 할 말이 없네요' 등과 같이 정면으로 반박할 수 있는 사람이 얼마나 될까요?

"그렇군요. A씨는 그런 사람이구나……. 좀 이상하네요."

당신은 마음속으로 A씨에게 용서를 구하면서 작은 목소리로 말했습니다. 다른 사람들은 당신도 같은 생각이라는 데 만족한 듯 미소를 짓습니다. 당신도 안도하며 좀 더 맞장구쳐줄 이야깃거리가 없는지 머리를 굴려봅니다.

"그러고 보니, 그 사람은 만날 같은 재킷만 입는 듯해요. 세탁도 안 하는 거 아네요?"

새로운 공격 거리를 입수한 사람들은 흉보는 데 더욱 열을

올립니다. 그리고 당신은 왠지 모르게 개운한 기분을 느낍니다. 왜냐하면 직장이나 가정, 돈 등 골치 아팠던 고민들을 그 순간만큼은 잊을 수 있었기 때문입니다.

정도나 내용은 다를지라도 누구나 이런 상황을 경험해본 적이 있지 않나요?

나도 모르게
공격에 가담하게 된다

누구나 일상에서 자신의 잠재된 공격성을 깨닫는 계기가 찾아올 수 있습니다. 그것이 바로 '동조 압력'과 '거짓 정의'입니다.

동조 압력이란 다수의 의견에 암묵적으로 따르고자 하는 것입니다. 누군가가 '당신도 모두와 같은 의견이죠? 그 외에 다른 답변은 용납하지 않겠어요'라고 강요하는 것도 아닌데, 이의를 제기할 여지가 없는 분위기에 지배당하고 맙니다. 그러면 소수의 의견은 그대로 묻히고 다수의 의견을 따라가게 되죠. 특히 일본은 다른 나라에 비해 동조 압력이 강하다고 합니다.

앞선 사례로 말하면, 공격을 시작한 사람은 '약속 시간에 늦었다'는 것을 꼬투리로 삼았습니다. 물론 칭찬할 만한 일은 아니지만 한두 번쯤 지각하는 것은 누구나 저지르는 실수입니다. 인격까지 모욕당할 정도의 잘못은 아닙니다.

제 경험으로 봤을 때, 공격하는 사람은 상대의 부당하거나 나쁜 점을 콕 집어서 거론하는 경향이 있습니다. 얼핏 정의로워 보이는 대의명분이 생기면 '부당한 행동을 하는 상대를 공격하는 자신은 정의롭다'는 쾌감을 느끼는 것이죠.

진짜 사이코패스가 아니면 아무 잘못이 없는 사람을 공격하는 일을 마뜩지 않게 생각합니다. 그래서 대의명분이 필요한 것입니다.

거짓 정의의 깃발 아래에서 동조 압력으로 사람을 모으고 저항하지 못하는 상대에게 일방적으로 고통을 줄 수 있는 상황이 마련되면 더 이상 브레이크가 걸리지 않습니다.

이쯤 되면 평소 가지고 있던 양심이나 공감 능력은 어디론가 사라지고, 사람을 공격하는 것을 멈출 수 없습니다.

누가 봐도 틀림없는 사이코패스의 모습 아닌가요?

무서운 것은 다음 대상이 나일지도 모른다는 것입니다. 지각으로 괴롭힘을 당하기 시작한 사람이 있으니, 혹시 자신도 같은 실수를 한다면 어떻게 될까요?

이처럼 언제, 어떤 계기로 누구든 피해자 또는 가해자가 될 수 있습니다.

스티브 잡스는
사이코패스
였을까?

거짓 정의라는 대의명분과 동조 압력을 갖추면 누구나 바로 공격성을 띨 가능성이 있습니다.

또 하나, 평범한 사람이 사이코패스처럼 돌변하는 중요한 계기가 있는데, 바로 '스트레스'입니다.

일본 후생노동성의 발표에 따르면 잔업이 많고 노동시간이 대체로 긴 회사는 집단 따돌림이나 직장 내 갑질이 발생하기 쉽다고 합니다.

조사 결과에 따르면, 직장 내 갑질을 당했다고 답한 사람의 회사에서 '잔업이 많다. 휴가 내기가 어렵다'라고 답한 사람의 비율이 직장 내 갑질을 당하지 않았다고 답한 비율의 2배

이상이었습니다. (도쿄 가이조 니치도 리스크 컨설팅 주식회사에 의한 2020년도 후생노동성 위탁 조사, '직장 내 갑질에 관한 실태조사 보고서')

또한 노동문제 관련 NPO 법인 POSSE(포세)의 사카쿠라 쇼헤이 이사는 직장 내 집단 따돌림과 장시간 잔업 등의 노동문제는 상관관계가 있다고 지적했습니다.

2015년에 일어난 '덴츠 과로사 사건'은 장시간 노동의 실태를 세상에 알렸습니다. 숨진 A씨는 자살 직전 SNS에 업무 태도와 용모, 사생활까지 부당한 지적을 받았다고 올려서 직장 내 괴롭힘을 암시하는 발언을 남겼습니다.

일본 굴지의 광고회사 덴츠(電通)는 장시간 노동으로 직원들을 혹사한 사실이 밝혀져서 노동기준법 위반으로 유죄 판결을 받았습니다. 하지만 그 뒤에도 개선되지 않고 위법적인 잔업으로 또다시 시정 권고를 받았습니다.

A씨뿐만 아니라 그녀를 괴롭힌 직원들도 틀림없이 가혹한 노동 환경에 내몰려 있었을 것입니다. 물론 스트레스가 쌓인다고 다른 사람을 괴롭혀도 된다는 것은 절대 아닙니다. 다만 사람을 사람으로 생각하지 않는 업무 방식을 강요하면 정말로 인간성을 잃을 수 있다는 것입니다.

잡스를 돌변하게 만든
강도 높은 스트레스

애플의 창업자 스티브 잡스는 아이폰을 세상에 내놓아 사람들의 생활방식을 바꾼 위대한 인물입니다. 그런데 스티브 잡스가 사이코패스였다고 지적하는 연구자들이 많습니다.

그의 전기를 보면 확실히 그럴지도 모른다는 생각이 드는 에피소드가 많습니다. 예를 들어 잡스가 애플을 설립하고 이제 막 사업을 시작할 무렵 여자 친구로부터 임신 사실을 통보받았습니다. 그때 잡스는 자신의 아이가 아니라고 주장하며 냉혹하게 그녀와 결별했습니다.

또, 주식을 상장했을 때도 창업 공신이었던 동료를 해고하고 애플의 주식을 나눠 주지 않았습니다. 새로운 제품을 개발할 때도, 과감하게 도전하는 모습을 보이지 않는 직원은 정의에 반하는 자로 낙인찍고 남들이 보는 앞에서 면전에 대고 아무렇지 않게 매도했다고 합니다.

하지만 제가 보기에 그는 진짜 사이코패스가 아닙니다.

스티브 잡스의 삶을 다룬 영화를 보면 임신한 여자 친구와 결별했을 때 슬픔의 눈물을 흘립니다. 동료들이 떠나갈 때도 고뇌의 표정을 짓습니다. 진짜 사이코패스는 냉혹한 행동을 한 후에 곧장 후회하거나 자신의 태도에 고민하지 않습니다.

물론 고뇌와 슬픔의 표현은 영화의 연출인지도 모릅니다. 하지만 잡스의 본모습을 썼다는 다른 전기에서는 배려심과 상냥함을 갖춘 모습을 그리고 있습니다. 그를 아는 애플 임원들 중에는 '이쪽이 진짜 그의 모습이다'라고 증언하는 사람도 있다고 합니다.

무엇보다 차갑고 잔인하기만 한 경영자라면 아무리 카리스마가 있어도 이 정도로 사람들에게 사랑받지는 못했으리라 생각합니다.

잡스가 공감 능력을 잃고 공격적인 태도를 보인 때는 회사의 출범이나 상장, 신제품 개발 등이 진행되던 시기였습니다. 경영자로서 강한 책임감과 압박감, 스트레스가 계기가 되어 폭군의 인격이 발현되지 않았을까 생각합니다.

스트레스가
만드는
얕고 느슨한 사이코패스

사이코패스에 대해서는 다양한 연구가 이루어지고 있습니다. 현재까지 밝혀진 바에 따르면 사이코패스는 뇌 일부(편도체, 측두엽 전부, 전두전야피질 안와, 전대상피질)의 기능 저하를 보인다고 합니다. 요컨대 냉혹함과 양심 결여와 같은 사이코패스 특유의 성질은 뇌의 몇 가지 기능에 이상이 생겼기 때문입니다. 한마디로 뇌의 일부분이 제 기능을 하지 못하는 것이죠.

드물게 영유아기의 스트레스로 뇌의 기질 변화가 일어나기도 하지만, 기본적으로 사이코패스는 선천적입니다. 보통 사람이 후천적으로 사이코패스가 되는 일은 없습니다.

앞서 조건이 갖춰지면 누구나 '유사 사이코패스'라고 할 만

　　　　　　　　　　　　　　화를 이기는 불편한 심리학

한 인격이 발현될 수 있다고 했습니다. 이것을 진짜 사이코패스와 구별해서 '느슨한 사이코패스'라고 이름 지었습니다.

이때 '느슨하다'는 느긋하고 평화롭다는 뜻이 아니라 나사가 풀려서 헐렁한 것처럼 흔들흔들 유동적이라는 의미입니다.

또한 누구나 갑자기 사이코패스와 같은 성향을 보일 수 있지만, 진짜 사이코패스는 아니기 때문에 대책을 세우면 정상으로 돌아올 수 있다는 의미이기도 합니다.

느슨한 사이코패스는 2가지 패턴으로 나눌 수 있습니다.

얕고 느슨한 사이코패스

사소한 계기로 분노가 표출되지만 어느 정도 이성적 컨트롤이 가능해서 비교적 다루기 쉽다.

깊고 느슨한 사이코패스

주위 사람은 물론이고 자신도 망칠 정도의 매우 강한 분노가 표출되지만 쉽게 드러나지 않는다. 사실상 컨트롤이 불가능하므로 살인, 자살 등으로 발전하기 쉽다.

무엇이 깊고 무엇이 얕은지에 대해서는 이후 자세히 설명하겠습니다.

스티브 잡스는 경영자로서 과도한 스트레스를 받으면 공감력이 떨어져 충동적으로 냉혹하게 상대를 공격했습니다. 그래서 그는 얕고 느슨한 사이코패스였을 것으로 생각합니다.

사이코패스를 켜는
분노 스위치

느슨한 사이코패스로 돌변하는 계기는 스트레스라고 했습니다.

'스트레스로 느슨한 사이코패스가 된다면 세상 사람들 모두 사이코패스 아닌가요?'라고 생각할지도 모르겠습니다. 스트레스를 받지 않는 사람은 없으니까요? 이런 의문을 갖는 것은 지극히 당연합니다.

스트레스 사회라고 불리는 현대사회에서는 거의 모든 사람들이 스트레스와 무관하지 않습니다. 스트레스를 받는 즉시 느슨한 사이코패스로 변한다면 만원 지하철이나 교통체증에 걸린 사람들 모두 공격성을 띠게 됩니다. 물론 이런 사례도 있기는 합니다.

얕고 느슨한 사이코패스와 깊고 느슨한 사이코패스

	분노 스위치가 존재하는 장소	통제 여부	발현 시 파멸도
얕고 느슨한 사이코패스	얕은 무의식	가능함	경우에 따라 심각
깊고 느슨한 사이코패스	깊은 무의식	어려움	항상 심각

사실은 사람을 느슨한 사이코패스로 변신시키는 분노 스위치가 있습니다. 이 스위치는 누구나 가지고 있으며 성장 과정에서 자연스럽게 몸에 뱁니다.

언제 터질지 모르는 폭탄 스위치가 우리 몸에 내장되어 있다는 것은 무서운 일입니다. 하루빨리 찾아서 제거하고 싶습니다. 하지만 이 스위치는 좀처럼 찾을 수 없습니다. 그래도 이 책을 끝까지 읽고 나면 스위치의 정체를 깨달을 수 있을 것입니다. 여기서는 일단 그런 스위치가 있다는 것만 인식하면 됩니다.

'얕고 느슨하다, 깊고 느슨하다'에서 '얕다, 깊다'는 스위치가 '무의식 속 어디에 있는지'를 나타냅니다.

나와 상대를 망치고 싶은
충동과 본능

깊거나 또는 얕고 느슨한 사이코패스가 되면, 경우에 따라서는 상대가 두 번 다시 회복할 수 없을 때까지 공격을 멈추지 않습니다. 평소라면 생각지도 못할 무자비한 공격을 퍼붓는 것이죠.

그렇다면 왜 공격을 멈출 수 없는 걸까요?

스트레스가 쌓이면 공격이 심해진다고 했는데, 인간에게는 공격을 멈출 수 없는 어떠한 본능 같은 것이 있는 걸까요?

공격을 멈출 수 없는 상황에 빠지는 이유로는 여러 가설이 있습니다. 그중 하나는 '죽음 충동'입니다.

지금부터 약 100년 전 심리학자 지그문트 프로이트(Sigmund Freud)의 주장에 따르면, 인간에게는 '살고 싶다', '살아야 한다'는 본능과 함께 '무기질이 되고 싶다(생명이 없는 것으로 만들고 싶다)'는 본능이 있다고 합니다.

'무기질이 되고 싶다'는 자살이나 살인과 같이 반드시 실제 죽음을 의미하는 것은 아닙니다.

'삶에서 의미 없는 존재가 되고 싶다'는 뜻입니다.

보복 운전에 대한 처벌이 강화되었는데도 적발되는 사람

은 여전히 끊이지 않습니다. '처벌이 강하니까 삼가자' 하고 자신을 다스리지 못하는 사람들이 많다는 것입니다. 보복 운전은 자신도 사고로 다칠 가능성이 큽니다. 그런데도 멈추지 못하는 것은 '상대도 나도 망치고 싶다'는 죽음 충동에 사로잡혔기 때문입니다.

비단 생명과 관련된 경우만 있는 것은 아닙니다.

부하 직원을 괴롭혀 그만두게 하는 사람이 있는가 하면 친구나 애인에게도 화를 조절하지 못해 관계가 깨지는 사람들이 있습니다. 이처럼 동료나 애인에 대한 공격을 반복하다 보면 주위 사람들 모두가 꺼리는 인물이 되어 결국 고립될지도 모릅니다.

또한 며느리를 괴롭히는 시어머니의 경우 자신 때문에 아들 내외가 이혼이라도 하면 사랑스러운 손자와도 인연이 끊어지고 고독한 노후를 보낼 수도 있습니다.

사람에게는 지금까지 노력해서 쌓아 올린 지위나 보금자리, 행복한 미래마저 스스로 망치려고 하는 본능이 숨어 있습니다.

해고나 퇴학을 두려워하면서도 지각을 반복하는 사람이나, '두 번 다시는 그런 일 없을 거야!' 하고 수천 번 다짐해도 번번이 고약한 술버릇을 어쩌지 못해 남에게 피해를 끼치는 사람도 마찬가지입니다.

죽음 충동은 일어나기 쉬운 사람도 있고 그렇지 않은 사람도 있습니다. 또 사람마다 죽음 충동이 일어나는 스위치가 다릅니다. 그럼 어떤 스위치가 있는지부터 살펴보겠습니다.

화를 이기는 불편한 심리학

평범한 사람을
돌변하게 만드는
'마음의 버릇'

진짜 사이코패스라면 아무런 감정 없이 사람을 공격하고 나서도 평정심을 유지할 수 있습니다. 기껏해야 종이를 구겨서 버릴 때 느끼는 수준일지도 모릅니다.

하지만 평범한 사람이 느슨한 사이코패스의 행동을 보일 때는 자동차 엔진을 한계치까지 끌어올려 가속할 때처럼 심적으로 내몰리기 때문에 엄청난 감정 소모가 일어납니다.

파멸을 향해 액셀을 밟도록 '내모는' 무의식적인 동기나 명령을 심리학 용어로 '드라이버(driver)'라고 합니다. 드라이버는 간단히 말하면 성장 과정에서 습득한 '마음의 버릇'입니다.

즉, 마음의 버릇에서 비롯된 강한 감정이 사람을 느슨한 사이코패스로 돌변시키는 스위치의 정체입니다.

마음의 버릇은 다음의 5가지 종류가 있습니다.

느슨한 사이코패스로 만드는 5가지 '마음의 버릇'

사람을 기쁘게 해주고 싶다 → **섬세한 유형**

노력하고 싶다 → **노력가 유형**

빨리하고 싶다 → **성급한 유형**

강해지고 싶다 → **강한 척하는 유형**

완벽해지고 싶다 → **완벽주의 유형**

심리학의 이론 중 하나인 '교류 분석(transactional analysis, 交流 分析)'에 따르면, 이러한 버릇은 국적, 인종, 성별, 거주 지역, 민족을 불문하고 인간이라면 반드시 하나 이상 가지고 있 다고 합니다. 교류 분석은 미국의 정신과 의사 에릭 번(Eric Berne)이 만든 인간관계를 다루는 심리학 이론입니다.

맨 처음 나오는 '사람을 기쁘게 하고 싶다'를 보면, '남을 기 쁘게 하고 싶다는 게 왜 나쁘다는 거지? 오히려 좋은 거 아닌 가?'라며, 사이코패스와 무슨 관련이 있는지 모르겠다는 생 각이 들 것입니다.

실제로 이러한 마음의 버릇은 의욕이나 배려를 촉발하기도 하지만, 그와 동시에 사람을 닦달하듯 몰아붙이는 위험한 측면도 있습니다.

예를 들어 제각각 5가지 마음의 버릇을 가진 얄고 느슨한 사이코패스 성향의 아이들이 한 아이를 괴롭힐 때 어쩌면 다음과 같은 심정일지 모릅니다.

'사람을 기쁘게 해주고 싶다'는 마음의 버릇을 가진 아이

'모처럼 말도 걸어주고 지우개도 빌려줬는데 고마워하기는커녕 괴롭힘을 일삼는 나쁜 아이를 대하듯 하다니 용서할 수 없어!'

'노력하고 싶다'는 마음의 버릇을 가진 아이

'얘는 잘해보겠다는 마음이 없어서 짜증 나. 실실 웃지만 말고 공부든 운동이든 진지하게 열심히 해볼 생각은 없나?'

'빨리하고 싶다'는 마음의 버릇을 가진 아이

'이 녀석은 굼떠서 재수 없어. 반 친구들 시간을 뺏는 놈은 혼나야 해!'

'강해지고 싶다'는 마음의 버릇을 가진 아이

'괴롭힘을 당하고 싶지 않으면 반격해야 하는 거 아냐? 늘 그런 태도이니까 우습게 보는 거야!'

'완벽해지고 싶다'는 마음의 버릇을 가진 아이

'내년이면 수험생인데 왜 동아리 활동만 계속하는 거지? 좋은 대학에 들어가서 성공하고 싶지 않나? 패배자 같으니라고!'

각자 서로 다른 '마음의 버릇'에 사로잡혀 있지만, 표면적으로는 의견이 일치된 것처럼 보이는 것이 기묘합니다. 표면상으로는 동조 압력이 작용해 죄의식을 느끼기 어려운 상황입니다.

그리고 모두가 '마음의 버릇'에서 비롯된 분노를 거짓 정의로 이루어진 대의명분으로 삼아 공격하고 있습니다. 괴롭힘을 당하는 입장에서 보면 말도 안 되는 상황입니다.

욱하는 감정을 불러일으키는
'마음의 버릇'

5가지 '마음의 버릇'은 자신도 싫고 힘들다고 느끼는 것이기도 합니다.

'완벽한 사람이 되고 싶지 않고, 남을 기쁘게 하고 싶지 않다! 하지만 하지 않으면 안 된다. 완벽해지려고 하지 않는 사람이 문제다. 싫다!'라는 강박이 작용하는 것입니다.

예를 들어 어릴 때부터 그냥 너무 재미있고 좋아서 야구만 하다가 어른이 된 후 프로야구 선수가 되었다면, '그야말로 야구에 어린 시절을 바쳤네요. 엄청나게 노력했겠군요'라는 칭찬을 들어도 본인은 '노력? 무슨 말이지?'라는 생각이 들지 않을까요?

하지만 어렸을 때부터 '노력하지 않으면 낙오자가 될 거야', '프로야구 선수가 되지 못하면 내 자식이 아니야'와 같은 말을 들으며 부모나 가까운 사람에게 훈련을 강요받아 왔다면, 마음에 노력이라는 단어가 괴롭다는 의미와 함께 새겨져 있을 것입니다.

어른이 되고 더 이상 노력을 강요하는 사람이 옆에 없으니 이제는 편하게 지내거나 좋아하는 다른 일을 해도 상관없는데도, '노력하는 것은 어렵지만 해야 해. 노력하지 않는 사람은 용서할 수 없어'라는 생각으로 계속 자신이나 타인에게 노력을 강요하고 괴로워합니다.

이런 심리는 사실 자신이나 타인의 인생을 망치고 싶다는 '죽음 충동'에서 기인합니다.

심리학 용어로는 '반복 강박'이라고 합니다. 본인은 하기 싫었지만 부모 등이 강요했던 일을 일부러 '나쁜 기억으로 만들기 위해' 몇 번이고 반복함으로써, '죽고 싶다', '의미 없는 사람이 되고 싶다'며 자신에게 고통을 줍니다.

다행히 5가지 '마음의 버릇'을 스스로 깨닫는다면 얼마든지 컨트롤할 수 있습니다.

아무 이유 없이 짜증 나는 일이 있다면 '어쩌면……?' 하고 잠시 멈춰서 생각해봅시다. 욱하는 감정이 생기면 '누구의 어떤 말과 행동 때문에 화가 났는지'를 메모하는 방법도 추천합니다.

이렇게 하다 보면 5가지 마음의 버릇 중에 해당하는 분노의 스위치가 보일 것입니다. 이런 심리적 작용을 깨닫는 것만으로도 느슨한 사이코패스에서 한 발짝 벗어날 수 있습니다.

무의식 깊은 곳에 꿈틀거리는 '분노의 근원'

5가지 마음의 버릇 중에 자신이 가지고 있는 것이 겉으로 드러나면 '얕고 느슨한 사이코패스'로 돌변해 사람을 공격하기 시작합니다.

5가지 마음의 버릇은 무의식의 얕은 곳에 있습니다. 이것을 심리학 용어로 '전의식(前意識)'이라고 합니다. 비교적 스스로 인식하기 쉽고, 어느 정도는 통제할 수 있습니다. 자신의 행동이 '큰일을 초래할 수도 있다'는 생각이 들면 멈출 수도 있습니다.

하지만 무의식 속 더욱 깊은 곳에는 '최종 보스'라고 할 수 있는 훨씬 위험한 존재가 숨어 있습니다. 이것을 심리학 용어로 '금지된 명령'이라고 합니다. 마치 마그마 덩어리처럼 무의식 속에서 꿈틀거리는 '매우 강한 분노의 근원'입니다.

이 강한 분노의 근원은 연구자에 따라 여러 설이 있지만, 이 책에서는 일반적인 12가지를 기준으로 삼았습니다. 그리고 그중에서 특히 공격에 관여하기 쉬운 7가지를 위주로 소개했습니다.

의식 깊은 곳에 존재하는 분노의 근원에서 공격이 발현될 때는, 다른 사람이나 자신을 직접 죽음에 이르게 할 정도로 강력합니다. 또한 스스로 그 충동을 멈출 수 없습니다.

이것이 '깊고 느슨한 사이코패스'의 모습입니다.

분노의 근원은 5가지 마음의 버릇의 형태를 빌려 발현되기도 합니다. 오히려 5가지 마음의 버릇이 '최종 보스'가 표출되지 않도록 방파제와 같은 역할을 한다고도 할 수 있습니다.

화를 이기는 불편한 심리학

내 안의
화를 끌어올리는
12가지 금지어

우선 12가지 분노의 근원에 어떤 것들이 있는지 알아보겠습니다. 12가지 분노의 근원은 '존재', '대인관계', '성장', '건강', '성공 및 수행', '생각 및 감정' 6가지로 나눌 수 있습니다.

존재와 관련된 분노의 근원

① 존재하지 마라. 자신은 살아서는 안 되고, 존재할 가치가 없다고 여기는 매우 고통스러운 분노입니다. 부모에게 학대를 당하거나, '태어나지 말았어야 했다', '너 때문에 이혼하지 못한다' 등의 말을 듣고 존재 자체를 부정당하고 있다고 느끼면 이런 분노를 품게 됩니다. 존재를 금지하는 메시지는

특히 강한 분노를 일으킵니다.

② 너 자신을 부정하라. '너는 가치가 없다'는 식의 메시지를 받으면 나를 부정하는 분노가 생깁니다. '오빠는 뛰어난데 너는 왜 그 모양이냐'라며 남과 비교당하거나, '실은 아들(딸)을 원했어'와 같은 말을 들으면 자신이 가치 없다는 생각이 들고 열등감에 빠집니다. 심지어 자신의 성별을 부정하는 일도 생깁니다.

대인관계와 관련된 분노의 근원

③ 친하게 지내지 마라. 자신은 외톨이고, 아무도 믿을 수 없다는 분노를 느낍니다. '저 아이와 놀면 멍청해진다' 등과 같이 아이가 스스로 선택한 인간관계를 부정하거나, 부모와 정서적 교류가 없을 때 생깁니다. 이런 사람은 친밀한 인간관계를 구축하기 어렵습니다.

④ 소속되지 마라. '낯을 가리는 아이'라며 부모가 앞장서서 자녀의 교류를 막거나, '다른 아이들과는 다르다'며 특별한 취급을 해서 사회에 설 자리가 없게 됩니다. 사교성이 없

화를 이기는 불편한 심리학

는 부모 밑에서 자라면 이런 생각을 하게 됩니다.

성장과 관련된 분노의 근원

⑤ 성장하지 마라. '너는 못한다', '아직 무리다' 등 과보호나 제재를 받으면, 자신은 성장할 수 없고 잘될 리가 없다는 생각을 하게 됩니다. 부모의 노후를 돌보도록 과도하게 요구한 경우에도 생길 수 있습니다.

⑥ 아이처럼 굴지 마라. 자신도 어린데 '언니니까 할 수 있지?' 등과 같이 어른스러운 모습을 지나치게 요구받거나 돌보는 역할을 부여받으면, 아이다움이나 천진난만함을 거부하고 항상 어른스러워야 한다고 생각합니다.

건강과 관련된 분노의 근원

⑦ 건강하지 마라. 사실이 아니더라도 자신은 몸이 약하고 곧 병에 걸릴 거라는 믿음을 갖게 됩니다. 병이 나거나 다쳤을 때 부모가 평소보다 잘해주면 아픈 게 금방 낫는다는 메시지가 무의식 속에 새겨집니다.

성공 및 수행과 관련된 분노의 근원

⑧ 아무것도 하지 마라. 부모에게 '위험하니까 하지 마', '그런 건 하면 안 돼' 등의 말을 계속 들으면 아이의 무의식 속에 '새로운 것에 도전하면 안 된다'는 메시지가 주입됩니다. 이런 분노의 근원이 있으면 예정대로 일을 해내지 못하고, 중요한 상황에서 결단을 내릴 수 없게 됩니다. 이런 사람은 회사에 손해를 입히거나 인간관계를 깨트리기도 합니다.

⑨ 성공하지 마라. '성공한 사람이 되어라. 이 정도로 만족하지 마라' 등과 같은 부모의 엄격한 교육으로 인해, 깨진 독에 물 붓기처럼 아무리 시간을 투여해도 스스로 만족하지 못하는 경우가 있습니다. 어차피 잘되지 않는다, 잘될 리가 없다는 확신이 강해서 좀처럼 도전하지 못합니다.

⑩ 중요한 사람이 되지 마라. 부모에게 칭찬받지 못하고 계속 지적당하거나 다른 아이와 비교당하는 것이 원인입니다. 책임을 지지 않으려는 성향이 강해서 시험 당일이나 업무상 중요한 결정이 필요할 때 힘을 발휘하지 못합니다.

화를 이기는 불편한 심리학

생각 및 감정과 관련된 분노의 근원

⑪ 생각하지 마라. 문제를 해결하기 위해 진지하게 고민하는 것이 아니라 감정적으로 문제를 해결해온 부모 밑에서 자라면 그 방식을 모방하게 됩니다. 이런 사람은 혼란스러운 일이 생기면 화부터 냅니다. 복잡한 일이 생기면 '나는 그렇게 어려운 일은 할 수 없다'며 화를 내기도 합니다.

⑫ 느끼지 마라. 감정을 드러내서는 안 된다고 생각합니다. 어렸을 때 '울지 마라'는 말을 자주 들었거나 짜증을 내면 혼났던 경험으로 인해 감정이 생겨도 겉으로 드러내지 못하는 경우가 있습니다.

무의식 속 '분노의 근원'은 자라면서 어느새 몸에 배듯이 습득하는 것이기 때문에 본인도 의식하지 못하는 사이에 '어쩌다 그렇게 되었다'는 식으로 작용합니다.

그렇다고 '부모가 아이를 키우는 방식이 잘못되어서 아이가 느슨한 사이코패스가 되는 것'은 아닙니다.

물론 학대하거나 '너 따위 필요 없다' 등과 같은 폭언을 일삼는 것은 좋지 않습니다. 하지만 아플 때 상냥하게 보살펴주거나 위험한 것으로부터 아이를 지키려고 꾸짖는 것은 부모로서 지극히 당연한 일입니다. 그런 부모의 말이나 행동 때문에 자녀에게 문제가 생기지는 않습니다.

다만 인간에게는 '분노의 근원'을 습득하는 본능이 있습니다.

화를 누그러뜨리는 마음의 버릇

얕고 느슨한 사이코패스로 바꾸는 스위치인 5가지 마음의 버릇이나, 깊고 느슨한 사이코패스로 바꾸는 스위치인 12가지 분노의 근원은 언제 어떻게 습득되는 걸까요?

12가지 '분노의 근원'은 유아기부터 5세 정도 아주 이른 시기에, 5가지 '마음의 버릇'은 그보다 늦은 5세에서 12세 정도에 습득합니다.

이 시기에 주위 어른들, 대부분 부모에게 스트레스를 받으면 의식에 새겨집니다. '세 살 버릇 여든까지 간다'라는 속담이 있을 정도로, 아주 어렸을 때 의식에 침투한 버릇으로 인해 평생을 휘둘릴 수도 있으니 정말 골칫거리입니다.

'마음의 버릇'과 '분노의 근원'의 관계에 대해 설명하자면,

'마음의 버릇'은 '분노의 근원'에서 비롯되는 강한 분노를 약화하는 숨은 성질이 있습니다.

인간은 누구나 강한 분노(분노의 근원)를 지니고 있습니다. 하지만 분노를 느낄 때마다 매번 강한 스트레스를 받고, 또 누군가에게 분노를 표출한다면 인간관계에 문제가 생기고 맙니다.

그래서 '마음의 버릇'이 발동해 분노의 근원에서 비롯되는 강한 분노를 누그러뜨리는 구조로 되어 있습니다.

무의식 속 분노의 근원에서 기인하는 더 강한 분노가 겉으로 드러나지 않도록 마음의 버릇이 방파제나 필터와 같은 역할을 합니다.

예를 들어 분노의 근원인 '생각하지 마라'와 마음의 버릇인 '노력하고 싶다'를 지닌 사람이라면, '노력하고 있다면 생각해도 괜찮다'(노력하고 있을 때는 '생각하지 마라'에서 기인하는 분노를 느끼지 않아도 좋다)며 강한 분노를 누그러뜨릴 수 있습니다.

노력하고 싶지만
노력할 수 없어
화가 날 때

다음은 '노력하고 싶다'는 마음의 버릇을 가진 사람들의 에피소드입니다. '노력하고 싶다'는 마음의 버릇이, 그 사람이 가진 분노의 근원이 발현되지 않도록 방파제와 같은 역할을 합니다. 이들이 12가지 '분노의 근원' 중 어떤 것을 지녔는지 다음 사례를 통해 살펴봅시다.

노력할 수 없게
만드는 것들

업무를 할 때 감을 우선시하는 회사원 고지 씨는 복잡한 업무에는 서투르고 자신 없습니다.

그런 고지 씨에게 입사 6년 만에 처음으로 부하직원이 생겼습니다. 과장은 고지 씨에게 "자네는 다른 사람의 이야기를 귀담아듣지 않는 경향이 있어. 이제 부하직원도 생겼으니 다른 사람이 하는 이야기에도 귀를 기울여야 해"라는 당부를 했습니다. 고지 씨는 과장의 말을 '부하직원의 이야기를 듣도록 노력하라'는 뜻으로 받아들였습니다.

고지 씨는 신입사원 시절, 당시 상사에게 '자신의 이야기는 들을 만한 가치가 없다'는 식의 취급을 받고 큰 상처를 받았습니다. 그래서 자신은 과장의 말을 명심하고 어떤 때라도 부하직원의 이야기를 절대적으로 귀담아듣겠다고 다짐했습니다.

그날 고지 씨는 신상품 매출이 부진하다는 이유로 상사에게 추궁을 당했고, 다음 주 회의 전까지 목표치를 수정하고 그 수치의 근거를 보고하라는 지시를 받았습니다. 복잡한 업무가 서툴러서 감에 의존해 업무를 처리하던 고지 씨는 수치 관련 자료를 만드는 업무는 가능한 피하고 싶었습니다.

조바심을 내면서 업무를 하고 있는데 부하직원인 유키 씨가 "잠시 괜찮으세요?"라며 말을 걸어왔습니다.

고지 씨는 지금은 그럴 때가 아니라고 생각하면서도 '부하 직원의 이야기를 듣도록 노력하라'는 과장의 말이 떠오르기도 했고, 자신도 그렇게 다짐했기에 유키 씨의 이야기를 들어보기로 했습니다.

유키 씨는 "판로에 대해 생각해봤는데, 왜 인터넷 판매에는 힘을 쓰지 않는 건가요?"라며 최근 회사 사이트 접속에 관한 분석 자료를 내밀었습니다. 고지 씨는 인터넷에 무지했기에 처음부터 인터넷 판매는 고려하지 않았습니다. 고지 씨는 유키 씨를 보며 "아직 모르겠지만 영업은 발로 뛰는 거야. 인터넷으로는 고객의 얼굴을 볼 수 없잖아?"라고 그럴듯하게 말했습니다.

유키 씨는 어이없다는 표정을 지으며 말했습니다. "논리적이지 않군요. 무조건 발로 뛴다고 해결될 일도 아니고, 비효율적입니다. 제대로 분석해서 작전을 세우지 않으면 매출은 오르지 않아요. 무엇보다 윗분들에게 같은 지적을 받지 않을까요?"

고지 씨는 단번에 마음속 깊은 곳에서 분노의 불길이 휘몰아치는 듯한 기분에 사로잡혔습니다. 그래서 유키 씨의 이야기를 더 이상 잠자코 듣고 있을 수 없었죠.

화를 이기는 불편한 심리학

"뭐야? 너 따위 신입이 뭘 알아! 그런 식이 통할 거라고 생각해? 그런 세세한 것까지 일일이 따지고 있을 때가 아니란 말이야. 아무 도움도 안 되는 이야기나 하고 말이야. 똑똑하다고 잘난 체하는 거야?"

유키 씨는 너무나도 격한 반응에 어안이 벙벙했지만 고지 씨는 멈추지 않았습니다. 유키 씨에게 덤비려는 것을 보다 못한 주위 사람들이 황급히 제지했지만, 그래도 여전히 고지 씨의 분노는 사그라지지 않았습니다.

노력했는데
뜻대로 되지 않을 때

고지 씨는 2가지 일로 인해 분노가 폭발했습니다.

하나는 '하기 싫은 업무를 맡아서 과도한 노력을 해야 한다는 것'과 또 하나는 '부하직원의 이야기를 귀담아듣기로 마음먹었는데 그 노력이 허사로 돌아간 것'입니다.

고지 씨는 '노력하고 싶다'는 마음의 버릇이 너무 강해서 생긴 스트레스가 트리거(trigger, 방아쇠)로 작용해 '얕고 느슨한 사이코패스'의 성향을 표출하고 말았습니다. 그리고 부하

직원의 말을 귀담아듣는 노력을 할 수 없게 되었을 때 '그런 식이 통할 거라고 생각해?'라는 말대로 의식 깊은 곳의 12가지 '분노의 근원' 중 하나인 '생각하지 마라'가 얼굴을 드러냈습니다. 즉, 얕은 곳의 마음의 버릇인 '노력하고 싶다'와 깊은 곳의 분노의 근원인 '생각하지 마라'가 표출된 형태입니다.

'생각하지 마라'는 '존재하지 마라'와 같은 분노의 근원에 비해 그다지 강한 분노를 동반하지 않습니다. 그래도 주위 사람들을 의식하지 못할 정도의 공격성을 드러냅니다.

왜 '노력하고 싶다'가 먼저 표출되었는가 하면, 자신과 주위 사람들을 파괴할 수 있는 강한 '분노의 근원'이 드러나지 않도록 필터나 방파제 역할을 했기 때문입니다.

하지만 마음의 버릇인 '노력하고 싶다'가 파탄 나버렸기 때문에 분노의 근원인 '생각하지 마라'와 교체되면서 '깊고 느슨한 사이코패스'로 돌변한 것입니다.

느슨한 사이코패스의 공격 패턴은 마음의 버릇이 과잉되어 '분노 → 공격'이 표출되는 경우와, 마음의 버릇이 작용하지 않아 그 대신 분노의 근원에서 기인하는 '분노 → 공격'이 표출되는 경우가 있습니다.

**마음의 버릇에서 비롯된 공격이 표출되고,
그다음으로 분노의 근원에서 비롯된 공격이 표출된다.**

노력하지 않는 사람을 보면
화가 난다

고등학교 졸업을 앞둔 마쓰다 렌 씨의 부모는 그 지역에서
유명한 병원의 원장입니다. 아버지는 가끔 텔레비전 건강 프
로그램에 해설자로 출연하는 등 나름 유명인이기도 합니다.

렌 씨는 어릴 때부터 어른들에게 '그 선생님의 아이?', '역시 머리가 좋구나', '참 똘똘하게 생겼네' 등과 같은 칭찬을 받으며 자랐습니다. 그야말로 특별한 아이로 대우받았죠. 하지만 언제부터인가 '나를 칭찬하는 게 아니야', '난 도대체 누구지?'라는 생각을 하게 되었습니다.

다른 사람들에게 마쓰다 렌이라는 한 사람의 인간으로 가치를 인정받지 못하는 것에 억울함과 슬픔, 강한 분노까지 느꼈습니다.

주위 사람들은 렌 씨가 아버지의 뒤를 이어 당연히 의사가 될 거라고 기대했고, 자신도 그 외에 다른 길은 없다고 생각했습니다. 그래서 그는 '계속 노력해서 훌륭한 의사가 되자'라고 다짐하면서 노력이 삶의 이유라고까지 생각했습니다.

렌 씨에게는 유이 씨라는 여자 친구가 있었습니다. 고등학교에 입학했을 때부터 사귀기 시작한 그녀는 부모가 아닌 렌 씨 자신을 봐주는 몇 안 되는 존재였습니다. 렌 씨를 소중히 여겼고, 나중에는 결혼해서 행복하게 해주고 싶다고 생각했습니다.

노력한 보람이 있었는지 렌 씨는 염원하던 국립대학교 의과대학에 합격했습니다. 의사가 되려면 아직 더 노력해야 했지만 큰 관문을 하나 넘었다고 할 수 있습니다.

반면 유이 씨는 제1, 2지망 대학에 낙방하여 제3지망이었던 대학교에 입학하기로 결정했습니다. 그런데 렌 씨는 유이 씨의 입시 결과를 듣고 왠지 모를 강한 분노가 치밀어 오르는 것을 느꼈습니다.

"내 여자 친구라면 더 노력해야 하는 거 아냐? 내가 공부할 때 뭘 한 거야?"

유이 씨는 우울한 표정으로 "나는 당신만큼 머리가 좋지 않아. 나름 열심히 했는데……"라고 말했습니다.

"나는 결혼까지 생각하고 있었어. 우리 사이에 낳은 아이가 머리가 안 좋으면 어떡해? 내가 아무리 노력해서 성공해도 엄마 머리가 나쁘면 아이 교육을 제대로 시키겠어?"

렌 씨는 유이 씨가 울음을 터트릴 때까지 따져 물으며 앞으로 매일 8시간씩 공부하라고 강요했습니다.

그렇게 해서 렌 씨는 입시 후 홀가분한 마음으로 데이트하기로 한 것도 멋대로 취소하고, 유이 씨가 제대로 공부하는지 불시에 검사하는 등 엄격하게 확인했습니다.

그러다 결국 유이 씨는 렌 씨에게 "사람이 변했다. 함께 있어도 피곤하고 괴로울 뿐이다"라며 이별을 통보했습니다.

렌 씨는 격렬한 분노와 절망에 사로잡혀 아파트 베란다에서 뛰어내리려고 했지만, 마침 외출했다 돌아온 어머니가 발견하여 다행히 뛰어내리지는 않았습니다.

노력하지 않는 나는 쓸모없다는 생각

'모두가 자신을 통해 부모를 보고 있다'고 믿고 있는 렌 씨는 존재와 관련된 '너 자신을 부정하라'는 분노의 근원을 가지고 있습니다. 마지막에 충동적으로 자살을 선택한 것도 자신을 죽음으로 내몰 정도의 강한 분노가 직설적으로 표출된 결과입니다. 깊고 느슨한 사이코패스가 되어버린 것입니다.

렌 씨는 '노력하는 한 나 자신으로 존재할 수 있다', '노력하지 않으면 나 자신을 잃고 만다'와 같은 식으로 '나 자신을 부정하라'는 강한 분노를 '노력하고 싶다'는 마음의 버릇으로 변환하고 있었습니다.

'너 자신을 부정하라'는 분노의 근원이 강력하기 때문에 그것이 밖으로 표출되지 않도록 '노력하고 싶다'라는 마음의 버릇이 자신뿐만 아니라 다른 사람까지 끌어들일 정도로 강해진 것으로 볼 수 있습니다.

자신은 열심히 노력하는데 주위의 누군가가 태만하면 화가 나고, 급기야 분노가 폭발합니다. 존재와 관련된 분노는 타인에 대한 강요도 훨씬 강해집니다.

밑바닥부터 시작해서 성공한 사람일수록 이상하리만큼 엄격하고 지나칠 정도로 노력을 강요합니다. 빈손으로 시작해서 성공했다면 같은 처지인 사람에게 공감하고 더 상냥하게 대할 법한데, 오히려 반대로 더욱 가혹한 이유가 바로 여기에 있습니다. 이런 사람에게는 '노력하지 않는 것이 곧 죽음(존재할 수 없다)'이기 때문입니다.

또한 자신이 어떠한 원인으로 노력할 수 없게 되었을 때도 분노의 근원이 직설적으로 표출됩니다. 병이나 사고로 노력할 수 없게 되었을 때뿐만 아니라, 노력해야 할 일을 상실했을 때도 분노가 표출됩니다.

렌 씨가 연인인 유이 씨에게 화를 낸 이유는, 자신이 대학에 합격함으로써 노력의 대상을 잃었기 때문입니다.

렌 씨는 연인을 잃고 싶지 않았기 때문에 유이 씨와 사귈 때도 과도한 노력을 기울여왔을 것입니다. 공부해야 할 시간을 유이 씨를 만나는 데 할애하거나 기념일마다 선물을 주는 등 아낌없는 노력을 쏟아부었겠지요.

하지만 연인이 떠나면서 마찬가지로 노력의 대상을 잃어버리고 말았습니다. 단순히 연인이 떠나서 슬픈 것만은 아니었던 것입니다. 당연히 유이 씨를 죽이고 싶다는 생각도 했을 것입니다.

숱한 고생을 이겨낸 후 성공을 거머쥐고 모든 것이 순조로워 보이던 사람이 갑자기 자살해버렸다는 뉴스를 접할 때가 있습니다. '왜?'라고 다들 의아해하지만, 분노의 근원인 '너 자신을 부정하라'와 마음의 버릇인 '노력하고 싶다'를 가지고 있는 사람에게 노력할 대상이 사라지면 이러한 위험에 빠질 수 있습니다.

노력 지상주의나 지나치게 노력하는 사람에게는 이러한 위험성도 잠재되어 있습니다.

화를 이기는 불편한 심리학

—

사람이 분노를 쏟아내고
상대를 공격하는 방식은 매우 다양하다.
직접적인 폭언이나 폭력도 있고,
상대를 무시하는가 하면,
분노를 이기지 못해 자신을 파괴하기도 한다.
공격의 방식이 어떻든 공통점은
처음에는 작은 불씨로 시작되었다가
어느새 큰불로 이어진다는 것이다.

—

"사이코패스는 종종 타인의 동정심을 이용하므로
이들의 불쌍한 이야기나 감정적인 조작에 휘말리지
않아야 한다. 이상하거나 불쾌한 느낌을 받았다면,
자신의 직관을 믿고 그들과 거리를 두는 것이 좋다."

하버드 의과대학 정신과 교수, 마사 스타우트

제2장

불편한 심리를 마주하는 것이 첫걸음

5가지
'마음의 버릇' 유형과
공격 방식

똑같이 불합리한 일이나 화가 나는 일을 겪고도 불같이 화를 내는 사람이 있는가 하면, 평온을 유지하는 사람이 있습니다.

불같이 화내는 사람은 '이런 일에 화도 안 나나? 냉정하군'이라고 생각하고, 평온한 사람은 '이런 사소한 일로 화를 내다니!'라고 생각할 수 있습니다.

하지만 다른 일로는 태연하던 사람이 어떤 일에는 화를 낼 때도 있습니다. 이것은 5가지 '마음의 버릇'이나 12가지 '분노의 근원'이 사람마다 다르기 때문입니다.

코로나19로 많은 사람들이 스트레스에 시달리는 상황에

서, 마스크를 쓰고 싶지 않은데 강제로 써야 하는 것에 분노하는 사람이 있었습니다. 반대로 마스크 착용을 거부하는 사람 때문에 전체 방역에 빈틈이 생기는 것에 분노하는 사람도 있었습니다.

일본에서는 후자 쪽이 더 많았는데, 미국이나 유럽에서는 전자 쪽이 많았다고 합니다. 모두 자신의 '마음의 버릇'에 휘둘려 자신의 정의(가짜 정의)를 위해 싸우고 있는 것입니다.

이번 장에서는 5가지 '마음의 버릇'에 대해 좀 더 깊게 이야기하겠습니다.

다시 한 번 말하지만, 모든 사람은 5가지 마음의 버릇 중 적어도 하나를 지녔으며, 몇몇 사람은 여러 가지 마음의 버릇을 안고 있습니다.

'나는 어떤 유형일까?' '저 사람은 이 유형인 것 같아'라고 생각하면서 읽어주시길 바랍니다.

타인의
안색을 살피는
'섬세한 유형'

5가지 '마음의 버릇' 중에 먼저 '사람을 기쁘게 해주고 싶다'는 경향을 보이는 '섬세한 유형'부터 살펴보겠습니다.

평소에 너무 예민해서 힘들다고 느낀다면 이런 유형일 가능성이 높습니다. 자신보다 타인을 우선시하면 마음의 상처를 받기도 쉽습니다.

이런 유형은 과연 어떤 상황에서 어떤 공격적인 면모를 보일까요?

'상냥하고 남을 우선 생각하는 사람이라면 자신을 비난해도 남을 공격하는 일은 없을 텐데……'라고 고개를 갸웃할지도 모르지만, 사실은 여기에 함정이 있습니다. 남에게 잘해주고 싶다는 마음이 진심이 아닐 수 있습니다. 이런 경우에는 싫은데도 강요당하는 것과 같으므로 특정 계기로 인해 곧바로 공격성을 띨 수 있습니다.

칭찬받고 싶은
마음이 빗나갈 때

섬세한 유형은 부모에게 엄격한 훈육을 받고 자란 사람이 많습니다. 항상 어른들의 안색을 살피느라 자기주장을 내세우지 못하는 아이였을 것입니다.

그런 마음의 버릇이 남아 대인관계에서 상대의 의견을 부정하지 못하고, 자신이 하고 싶은 일을 강하게 주장하지도 못합니다.

판단에 자신이 없으니 뭘 해도 '이러면 될까?', '이렇게 하는 게 진짜 맞나?' 하고 망설입니다. '이렇게 해도 괜찮으시겠습니까?' 하고 몇 번이나 확인하는 사람은 섬세한 유형일 가능성이 높습니다. 이는 마음속으로 부모의 동의를 구하고 있는 것입니다.

또 부모가 기뻐하는 모습이나 칭찬을 원한 나머지, 선물을 주거나 좋은 말만 하는 등 상대방을 기쁘게 해주려는 행동을 많이 하는 것도 특징입니다.

이러한 모습만으로 판단하면 '아주 멋진 사람인데 무엇이 문제일까?' 하고 생각할지도 모릅니다. 하지만 상대방이 내 호의에 늘 기뻐하는 것만은 아닙니다. 결국 나는 '해줬는데' 라는 의식이 앞서 불만이 생기고 화가 나는 것입니다.

부모의 말에 순종하는 듯 보이지만 무의식적으로 분노를 키우고 있는 사람도 있습니다. 이런 사람은 남의 조언을 받아들이는 듯하다가도 결국에는 다른 행동을 합니다. 말하자면 기대를 품게 만드는 대응을 하는 것입니다. 예를 들어 조언이 필요한 줄 알고 머리를 짜내서 열심히 이야기해줬는데 변명만 둘러대면서 실행하지 않는 사람들이죠.

섬세한 사람들의
소심한 복수

신입사원인 신노스케 씨가 히로시 씨를 찾아와 '영업이 잘되지 않는다'며 상담을 청했습니다.

히로시 씨는 "부딪혀보는 수밖에 없어. 반년만 해보면 몰라보게 달라질 거야"라고 조언해줍니다. 그러자 신노스케 씨는 "네, 감사합니다. 하지만 빨리 결과를 내고 싶어요"라고 대답합니다.

"그럼 내가 신입 때 읽었던 책을 빌려줄 테니 읽어봐"라며 히로시 씨가 책을 빌려주겠다고 하니, 신노스케 씨는 "물론 그러고 싶어요. 하지만 책 읽을 시간이 없을 거 같아요……" 라고 말합니다.

"그럼 나와 같이 영업하러 나가보는 건 어때? 직접 보고 배우면 빠를 거야"라고 히로시 씨가 제안하자, 신노스케 씨는 "말씀은 고맙지만 저도 할당된 거래처를 다녀야 해서 어려울 거 같은데……"라며 제안을 받아들이지 않습니다.

이것도 안 된다, 저것도 안 된다고 하니 속수무책입니다. 이래서는 어떻게 해야 할지 막막하기만 하고 달리 뾰족한 해결책이 없습니다. 왜냐하면 섬세한 유형은 그저 상대를 공격하고 싶을 뿐이기 때문입니다.

'유익한 조언을 해주지 못했다', '선배로서 실격이다'라며 상대가 자괴감이나 무력감을 느끼는 모습을 보이면 오히려 만족스러워합니다. 진정으로 조언을 구하는 것이 아니라 마치 장난치듯 사람을 들었다 놨다 하는 것입니다.

신입사원 신노스케 씨는 무의식적인 분노를 표하고 있습니다. '섬세한 유형'인 신노스케 씨가 엄격한 부모를 대신해서 히로시 씨에게 복수하고 있는 것입니다.

무의식의 세계에는 시간 개념이 없기 때문에 복수 상대가 부모인 당사자이든 대리인이든 누구든 상관없습니다.

신입사원 신노스케 씨의 사례에서는 히로시 씨의 기분을 망치는 정도로 끝났지만, 섬세한 유형이 강한 스트레스를 받으면 공격성을 드러내기도 합니다.

섬세한 유형은 자신을 희생해서라도 남을 기쁘게 해주려고 헌신합니다. 부모의 안색을 살피며 좋은 반응을 얻는 것이 목적이므로 상대에게 긍정적인 평가를 받을 수 있는 행동을 합니다. 그래서 스트레스를 받으면 '착한 아이'에서 무서운 공격자로 돌변할 수 있습니다.

나의 기대와 상대의 반응이 어긋나는 순간

사회생활을 시작한 지 2년째 되는 히나 씨는 두 살 연상의 마코토 씨와 사귄 지 1년이 되었습니다. 히나 씨는 마코토 씨가 기뻐하길 바라며 주말마다 집에 와서 손수 요리를 해주고 데이트를 즐겼습니다.

이번에 마코토 씨의 아이디어가 공모전에 채택되었다는 소식을 들은 히나 씨는 근사하게 축하해주려고 마음먹었습니다. 햄버거스테이크를 좋아하는 마코토 씨에게 특별히 트러플을 넣어 만들어줄 생각이었습니다.

일주일 동안 시행착오를 겪으며 연습 삼아 음식을 만들어보면서 만족스러운 맛을 낼 수 있게 되었습니다. 금요일이 되자 히나 씨는 예약한 꽃다발과 케이크를 비롯해 준비한 선물과 식재료를 가지고 기분 좋게 마코토 씨 집으로 향했습니다.

바로 그때 히나 씨의 스마트폰으로 마코토 씨의 메시지가 도착했습니다.

"오늘 부서 사람들이 축하 자리를 마련해줘서 늦게 들어갈 거야. 오늘은 집에 안 와도 돼. 항상 고마워."

히나 씨는 어안이 벙벙해졌습니다. 이 상황을 도저히 받아들일 수 없었습니다.

"갑자기 무슨 말이야? 내가 준비한 게 얼마나 많은데?"라고 답장을 보내자, "진짜? 정말 미안해. 회사 사람들도 몰래 준비해준 거라 나도 몰랐어. 다음에 보자. 오늘만 좀 봐줘. 정말 미안해"라는 답장이 돌아왔습니다.

히나 씨는 납득할 수 없었습니다. 떨리는 손으로 마코토 씨에게 전화를 걸자 그는 바로 받았습니다.

"내가 금요일마다 집에서 저녁을 차려주잖아. 오늘 축하해 줄지 몰랐어?"

"사실 나도 기대했는데 유감이야. 하지만 회사에서 축하 자리를 마련해줄 줄은 몰랐거든……. 내일 먹으면 안 될까?"

"오늘이 아니면 의미 없어. 꽃이랑 케이크도 준비했단 말이야. 요리도 지난주부터 연습했다고!"

마코토 씨는 할 말을 잃었습니다.

"난 이렇게 노력하는데, 왜 넌 늘 그 모양이야? 나만 바보 같잖아."

"지금은 미안하다는 말밖에 할 수 없어. 항상 잘해줘서 고마워. 이제 그만 일하러 가야 하니까 끊을게."

"뭐라고? 지금 중요한 이야기하고 있는데 끊겠다고?"

마코토 씨는 한숨을 쉬며 이렇게 말했습니다.

"늘 자기가 해준다는 식으로 말하지만, 내가 해달라고 한 적 없잖아. 물론 고맙긴 해. 하지만 좀 부담스러운 것도 사실이야. 솔직히 말하면 친구들도 네가 좀 무섭대. 너처럼 뭐

화를 이기는 불편한 심리학

든 희생하는 유형은 위험하다고 말이야. 무슨 말인가 했는데 이제야 그 뜻을 알겠다. 우리 잠시 각자의 시간을 갖는 게 좋겠어."

히나 씨는 스마트폰을 집어던지고 꽃다발과 케이크도 뭉개버렸습니다.

'나는 이렇게 애쓰는데 진심을 알아주지도 않고, 다른 친구들한테 내 험담이나 하고 있었다니. 내가 바보였어. 이제는 아무래도 상관없어. 죽어버리겠어. 그도 망해버리면 좋겠어' 라는 생각까지 하게 되었습니다.

남한테 맞추는 데는 한계가 있다

섬세한 유형은 원래 지나치게 남한테 맞추며 살아갑니다. 상대가 원하는 삶을 살려고 하기 때문에 '이런 일로 화를 내도 괜찮을까?', '화내는 내가 이상한 걸지도 몰라'라며 화를 삼키는 경우가 있습니다. 그래서 다른 유형에 비해 느슨한 사이코패스로 돌변할 위험은 낮습니다.

하지만 스트레스와 같은 조건이 갖춰지면 딸깍하고 스위

치가 켜질 수 있습니다.

그 조건이란 '상냥하게 대해주는 상대가 자신을 정당하게 평가해주지 않거나 비판할 때입니다.

'이렇게까지 해줬는데 그것을 망쳤다'는 생각이 거짓 정의로 작용해 공격성을 띨 수 있습니다.

또한 어느 유형이나 마찬가지지만, 깊은 곳에 자리 잡고 있는 분노의 근원과 관련된 일이 발생하면 감정을 통제할 수 없어 깊고 느슨한 사이코패스의 모습을 보일 가능성도 충분히 있습니다.

특히 '나쁜 아이는 필요 없어'라는 말을 듣거나, 잘 알아듣지 못했을 때 받은 폭력 등의 경험이 존재와 관련된 격렬한 분노를 일으킬 수도 있습니다.

'잘 참는 아이'가 더 이상 참을 수 없게 되었을 때, 그야말로 돌변합니다. 갑자기 비행을 저지르고 자신과 주위 사람들을 파괴하는 행동을 하기도 합니다.

그렇게 되지 않으려면, 돌변하기 전에 부모(또는 부모를 대신하는 존재)에 대한 분노를 일깨워서 분노와 타협해야 합니다. 위의 사례에서 남자친구 마코토 씨는 부모를 대신하는 존재입니다.

화를 이기는 불편한 심리학

섬세한 유형은
피해자가 되기 쉽다

'섬세한 유형'의 공격성에 관해 주의해야 할 점이 또 있습니다. 이 유형은 공격의 피해자가 될 가능성이 높다는 것입니다.

섬세한 유형은 자신을 괴롭히는 상대조차 걱정합니다. 학교에서 '괴롭힘을 당하는가?'라는 설문조사에도 괴롭히는 아이를 배려해서 속마음을 그대로 밝히지 못하기도 합니다.

상대의 안색을 살피며 신경 쓰기 때문에 힘들어도 좀처럼 반격하지 못합니다. 싫은 내색조차 못 하기도 합니다. '싫어하는 기색을 보이면 회사 분위기가 나빠진다', '더 괴롭힘을 당할 수도 있다', '상사나 선생님에게 폐가 된다' 등 모든 사람들을 배려하느라 굳이 공론화하려고 하지 않습니다.

그래서 동조 압력이 형성되면 알맞은 샌드백이 되는 일이 잦습니다. 반격할 의사를 보이지 않기 때문에 '본인도 좋아한다'는 잘못된 신호를 줄 수도 있습니다. 그러다 보면 주위 사람들이 미처 눈치채지 못하는 사이에 사태가 심각해집니다.

자신이 섬세한 유형이라고 생각된다면, 가능한 빠른 시일 내에 괴롭힘에서 벗어나는 것이 무엇보다 중요합니다. (6장 참고)

1분 1초도
허투루 쓰고 싶지 않은
'노력가 유형'

이번에는 '노력하고 싶다'는 마음의 버릇을 가진 '노력가 유형'에 대해 상세히 살펴봅시다.

느긋함을
죄악으로 생각하는 사람

오시카와 세이코(押川聖子)라는 심리연구가는 노력가 유형의 행동 패턴을 다음 2가지로 설명했습니다.

① 노력이 중요하다고 생각한다.

② 뭐든지 자기가 결정하고 싶어 한다.

노력가 유형은 둘 중 하나, 혹은 2가지 행동 패턴을 모두 지니고 있습니다. 이 2가지 행동 패턴은 얕고 느슨한 사이코 패스로 돌변시키는 스위치이기도 합니다.

노력가 유형은 '열심히 하겠습니다', '노력하겠습니다'라는 말을 입버릇처럼 달고 살며, 업무는 물론이고 휴일에도 빽빽한 스케줄대로 움직입니다.

'가끔은 느긋하게 보내자'라든가 '여유도 필요해'라는 말은 귓등으로 듣습니다. '노력하고 싶다'는 마음의 버릇에 사로잡혀 있기 때문입니다.

더구나 자신뿐만 아니라 다른 사람에 대해서도 '노력하지 않는 사람은 가치가 없다'고 평가할 때가 있습니다. 다른 사람에게도 노력을 강요하는 것이죠.

그뿐만 아니라 다른 사람에게 자신을 납득시켜 보라고 강요하는 듯한 언행을 보이기도 합니다. '무슨 의미인지 모르겠으니 알아듣게 설명해주세요'와 같은 식입니다. 설명을 요구하는 것은 문제가 아니지만 노력가 유형은 정도가 심하며, '노력하는 모습'을 보고 싶다는 의식이 전면에 드러나기도 합니다.

두 번째 특징인 '뭐든지 자기가 결정하고 싶어 한다'는 경향이 강한 사람은 남의 도움을 탐탁지 않게 생각합니다. 왜냐하면 자신의 노력을 방해받고 싶지 않기 때문입니다.

노력을 방해하는 사람을
적으로 여기는 심리

다카하시 사카에 사장은 혼자의 힘으로 회사를 키웠습니다. 뛰어난 수완가로 알려진 그는 타협할 줄 모르며, 이익을 최우선시하는 방식으로 업무를 추진합니다. 인정이 두터운 면도 있지만 화가 나면 상대를 끝까지 공격합니다.

그는 직원들에게 '이익을 내지 못하면 잠잘 시간에도 일을 하라', '열심히 일하지 않는 사람은 회사를 떠나라'며 강하게 질타하기도 합니다.

그런 다카하시 사장이 75세의 나이에 사장에서 물러나겠다고 말했습니다. 하지만 창업자이니 은퇴 후에도 고문으로 회사 경영에 관여하겠다는 생각입니다.

가족들은 '이제 나이도 있고 회사 일에 자꾸 관여해봐야 직원들에게 미움을 살 뿐이니 완전히 그만두고 쉬는 게 어떠냐?'는 식으로 이야기합니다. 하지만 다카하시 사장은 젊은 사람에게만 맡길 수 없고, '일이 무엇인지'를 제대로 가르쳐주는 것이 자신의 '사명이자 대의'라고 말합니다.

회사에 다카하시 사장이 나타나면 긴장감이 맴돕니다. 퇴근 시간이 되어 직원들이 자리에서 일어나면 그는 미간을 찌푸리며 못마땅한 표정을 내비칩니다.

"이 시간에 퇴근하려는 것 자체가 정신이 똑바로 박히지 않은 거야!"

다카하시 사장의 호통에 겁에 질린 직원들은 다시 자리로 돌아갑니다.

그러던 어느 날, 신입사원 겐타 씨가 다카하시 씨를 똑바로 쳐다보며 말했습니다.

"저는 제 일을 끝냈으니 퇴근하려고 하는데 더 해야 할 일이 있나요?"

그러자 다카하시 사장이 의기양양하게 말했습니다.

"자네는 신입사원이니까 가르쳐줘야겠군. 업무가 끝나면 부서의 모든 사람들에게 다른 할 일이 있는지 물어보게. 아직 할 일이 남아 있는 선배가 있을 테니까. 그리고 내가 작성

해둔 영업처 목록이 있을 거야. 상대방의 취향부터 싫어하는 것까지 전부 기록해뒀으니 베껴 쓰면서 머릿속에 새겨 넣도록 하게. 신입사원이 정시에 퇴근하다니 있을 수 없는 일일세. 명심하게."

젠타 씨는 고개를 갸웃거리며, "음……, 그거 업무 지시죠? 그럼 잔업수당은 나오는 거죠?"라고 물었습니다.

다카하시 사장의 성격을 잘 아는 선배 직원들은 '그만둬'라는 눈짓을 했지만, 젠타 씨는 전혀 알아차리지 못했습니다.

다카하시 사장은 언성을 높이고 말했습니다.

"배짱 한번 좋군. 자네는 아직 멀었어. 일도 제대로 못하는 사람에게 추가로 월급을 더 줄 리가 없지 않나. 공부는 임금 노동이 아닐세. 아직 제 몫도 하지 못하는 주제에 수당을 말할 입장인가? 무슨 권리로 그런 말을 하지?"

그러자 젠타 씨도 맞받아쳤습니다.

"뭐라고요? 잔업수당도 없이 업무를 강요했다고 노동부에 신고하겠습니다."

다카하시 사장은 노발대발했습니다.

"일을 가르쳐주겠다는데, 나를 신고해? 좋아! 법대로 해주지. 내가 얼마나 고생해서 여기까지 온 줄 알아? 변호사를

화를 이기는 불편한 심리학

시켜서 사회에서 매장시켜 버릴 테다. 당장 꺼져! 까불고 있어. 당장 고문 변호사에게 전화해!"

다카하시 사장의 분노는 사그라지지 않았습니다.

다른 직원들은 아무 말도 못 하고 "여기서는 저 사람이 법이야"라고 중얼거리며 겐타 씨를 가여워할 뿐이었습니다.

노력을 강요하면
갑질이 된다

다카하시 사장은 노력 지상주의와 자수성가의 경험에서 비롯된 '뭐든지 자기가 결정하고 싶어 하는 경향'이 강해 노력가 유형의 조건을 충족합니다.

노력가 유형의 느슨한 사이코패스는 '남에게도 노력을 강요하거나 노력할 수 없는 상황이 되면 격한 분노를 느끼는 경향을 보입니다.

다카하시 사장은 노력하는 모습을 보이지 않는 신입사원을 지도해야 한다는 거짓 대의명분에 사로잡혀 느슨한 사이코패스로 돌변한 것입니다.

신입사원 겐타 씨가 반론을 제기하는 바람에 다카하시 사장은 '자기 뜻대로 노력하지 못하는 상태'에 빠졌습니다. '정의는 나에게 있으니 상대방을 공격할 명분이 있다. 그러므로 상대방을 처벌하겠다'는 식입니다.

상대가 '노력하지 않는다'고 느끼면 게으름뱅이 취급을 하는 등 대의명분을 쉽게 내세울 수 있어, 언뜻 폭언이나 갑질에 당위성이 있는 것처럼 보이기도 합니다.

하지만 노력하고 말고는 각자의 자유입니다. 다른 사람에게 노력을 강제할 권리는 누구에게도 없습니다. 느슨한 사이코패스로 돌변하면 공감 능력이 떨어지므로 그런 생각을 미처 할 수 없습니다.

무조건
남보다 앞서고 싶은
'성급한 유형'

　세 번째로 살펴볼 마음의 버릇은 '성급한 유형'으로, 그야 말로 스피드광입니다. 항상 다른 사람보다 앞서야 직성이 풀 리는 유형입니다.

　어릴 때부터 부모나 주변 사람들에게 '빨리해', '꾸물거리지 마라' 등과 같은 압박을 받으며 자란 것이 원인일 수 있습니다.

순위에 집착하면
빨리할 수밖에 없다

항상 남보다 앞서고 싶은 마음이 강해서 속도를 늦춰 차분하게 일 처리를 하는 것을 어려워합니다.

이런 사람들은 기다리는 것도 서툽니다. 가령 마트에서 계산하려고 줄을 섰는데 좀처럼 줄어들지 않으면 초조해져 사람들이 적은 다른 계산대로 옮기기를 반복합니다.

신호를 기다리지도 못해 차가 없으면 신호등이 빨간색인데도 아무렇지 않게 도로를 무단횡단하곤 합니다. 운전할 때도 노란색 신호에 멈추지 않고 속도를 더 내서 그대로 통과합니다.

'얼른 해야지', '빨리빨리!'를 입버릇처럼 달고 사는 사람들은 의자에 앉더라도 곧장 일어설 수 있게 걸터앉는 특징이 있습니다.

성급한 유형은 남보다 뛰어나고 싶다는 무의식에 사로잡혀 순위에 민감합니다. 공부든, 일이든, 취미든, 뭐든 다른 사람과 경쟁하고 싶어 합니다. 이런 유형에게는 공부든 취미든 모든 것이 남과 경쟁하고 싶은 마음을 충족하기 위한 수단에 불과합니다. 승부욕이라기보다 경쟁의식이 높다고 보는 편이 적당할지도 모릅니다.

또한 소위 멀티태스킹(multitasking, 다중 작업)을 선호합니다. 가능하든 안 하든 적은 시간에 많은 것을 채워 넣고 싶어 합니다. 지나치게 많은 취미를 갖고 있거나 굳이 일부러 많은 일을 떠안는 사람은 성급한 유형일 가능성이 높습니다.

'빨리빨리', '1등이 될 거야'라는 마음이 강하게 작용해서, 한 가지 일을 차분하게 처리하는 것을 몹시 어려워합니다. 그래서 동시에 여러 가지 일을 병행해서 모든 일을 빠르게 처리하는 상황을 스스로 만듭니다. 하지만 주변에서 볼 때는 오히려 일 처리가 느리다고 느낄 수도 있습니다.

단순히 성급한 것뿐이라면 남에게 해를 주는 일이 없겠지만, 다른 유형과 마찬가지로 이런 성향을 주변 사람에게도 강요하기에 문제가 됩니다. 다른 사람이 일을 천천히 하는 것처럼 보이면 화를 내며 '빨리해'라고 재촉합니다.

무엇이든 척척
해내야 한다는 강박

사오토메 씨는 대형 가전제품 제조사의 대리입니다. 동기 중에서도 승진이 빨라서 내년 봄에는 과장이 된다는 소문이 돌고 있습니다.

그는 성실함 그 자체입니다. 아침에 맨 먼저 출근하고, 퇴근 시간이 지나도 끝까지 남아서 밤늦게까지 일합니다. 영업을 할 때도 남보다 배로 움직이며 거래처를 만나러 다닙니다. 많은 업무를 맡고 있는데도 무엇이든 척척 해냅니다.

취미도 다양해서 풀코스 마라톤, 가라테, 복싱 등 운동부터 서예, 기타 등 예술 방면에 이르기까지 손을 안 대는 것이 없을 정도입니다.

휴일에는 오전에 가라테 도장에서 수련을 마치면 곧장 서예 학원에 가고, 오후에는 달리기 모임에 나갔다가 사우나와 술자리로 하루를 마무리합니다. 집에 있을 틈이 없습니다.

한번은 낚시 모임에 초대받은 적이 있는데, 가만히 앉아서 물고기를 낚는 일은 성격에 맞지 않다며 거절했습니다.

그런 사오토메 씨가 맘에 들어 하지 않는 사람이 있으니 바로 동기인 오타 씨입니다. 오타 씨는 언제나 느긋하게 자기 속도대로 일을 처리합니다. 그러다 보니 출근 시간도 겨우 맞추고, 보고서도 마감 직전에 제출합니다. 항상 아슬아슬하게 움직이죠.

"나는 뭐든 곰곰이 생각하는 편이야"라는 오타 씨 말에, 사오토메 씨는 "회사는 꼼꼼하고 느린 것보다 조금 거칠어도 일 처리가 빠른 사람을 선호해"라며 까칠하게 말하기도 합니다.

화를 이기는 불편한 심리학

그러던 어느 날 오타 씨가 보기 드물게 초조한 모습으로 사오토메 씨 부서로 달려와서 말했습니다.

"사오토메 대리! 이거 발주 수가 2배로 계산된 거 아냐?"

확인해보니 그의 말대로 계산식이 이중으로 들어가 있었습니다. 그대로 발주했다면 큰 손실이 날 뻔했습니다.

오타 씨가 "큰일 날 뻔했네! 사오토메 대리가 실수를 할 때가 다 있군"이라며 사람 좋은 얼굴로 고개를 흔들며 돌아가려고 했습니다.

그러자 사오토메 씨의 부하직원이 다가가 속삭였습니다.

"사오토메 대리님은 무지 큰 실수도 많이 해요."

다른 부하직원도 웃으며 거들었습니다.

"맞아요. 업무 처리가 빨라서 대단해 보이지만 수정 사항을 고치지 않고 그대로 제출한 적도 있어요."

이들이 수군거리는 소리가 사오토메 씨의 자리까지 들렸습니다. 순간 사오토메 씨는 지금까지 느껴본 적이 없는 분노가 치밀어 올랐습니다.

"오타! 지금 뭐 하자는 거야? 사람 발목이나 잡고 말이야. 승진 못 해서 날 비아냥거리는 모양인데, 내가 가만히 있을 것 같아?"

단지 실수를 지적했을 뿐인데, 오타 씨에게 인격 모독을 하는 듯한 폭언을 퍼부었습니다. 사오토메 씨의 갑작스러운 모습에 웃고 있던 부하직원들도 어리둥절하고 말았습니다.

성공한 듯 보이지만
사실은 쫓기는 인생

동기 중에 가장 먼저 승진한 사오토메 씨는 '빨리하고 싶다'는 마음의 버릇으로 경쟁심이 차올라 있습니다. 또한 일정을 빽빽하게 채워두지 않으면 만족하지 못한다는 점도 성급한 유형의 특징입니다.

많은 취미로 인생을 즐기는 듯 보이지만, 사실은 늘 쫓기는 인생이라고 볼 수 있습니다.

이런 유형은 체면 구기는 것을 매우 싫어합니다. '빨리하고 싶다'는 마음은 '다른 사람보다 뛰어나야 한다'는 마음과 세트를 이뤄 자신을 몰아붙이기 때문입니다.

사오토메 씨는 부하직원들 앞에서 실수를 지적받고 체면을 구겼다는 생각에 강한 분노를 느꼈습니다. 아무도 보지 않는 곳에서 슬쩍 지적받았다면 이렇게까지 화를 내지는 않

화를 이기는 불편한 심리학

았을 것입니다.

또한 자신이 싫어하는 천하태평인 오타 씨에게 지적받은 것도 분노를 가중시키는 역할을 했습니다.

이런 상황이 겹치면서 느슨한 사이코패스가 발현되고 말았습니다.

또한 '서두를 수 없는' 상황에 직면하면, 성급한 유형은 심하게 화를 내는 경향이 있습니다.

정체나 지연 등 부득이한 사정으로 서두를 수 없는 상황이 되면 사람이 바뀐 것처럼 거칠어집니다. 보복 운전이 근절되지 않는 것도 이런 유형 때문입니다.

약한 모습을
감추려고
'강한 척하는 유형'

항상 긍정적이며 나약한 모습을 절대 보이지 않는 캐릭터로, 드라마나 영화의 주인공으로 자주 등장하는 유형입니다. 이런 유형은 어떤 점이 위험할까요?

'강해지고 싶다'는 마음의 버릇에 빠진 사람은, 유소년기에 나약했던 자신이 인정받지 못했다는 기억을 가지고 있을 가능성이 큽니다. 그렇기에 어른이 되어서는 나약한 모습을 보이지 않으려고 하다 보니 다른 사람에게 기대거나 부탁하는 일에 서툽니다.

사람들 앞에서 늘 강한 척하는 유형의 특징을 살펴봅시다.

화를 이기는 불편한 심리학

도무지 다가가기
힘든 사람

'강한 척하는 유형'은 의외로 과묵한 사람이 많습니다. 자신의 생각이나 감정, 개인적인 정보가 공개되면 그 정보를 이용하거나 꼬투리를 잡아서 깔보는 사람이 꼭 있습니다. 그래서 자신의 속내를 드러내지 않고 가만히 있으면 자신을 이용하려 드는 일이 없기 때문에 우위에 설 수 있다는 심리가 작용합니다.

그래서 '강한 척하는 유형'은 자신에 대해 어떤 것도 말하지 않는 미스터리한 사람이라고 여길 수도 있습니다.

뭔가 거슬리는 일이 있으면 입을 닫아버리는 사람이 있습니다. 말을 거의 안 하는 탓에 주위 사람들은 곤혹스럽습니다. 이것 또한 말을 하지 않음으로써 자신이 우위를 점하려는 행동입니다.

어릴 때 화가 나서 입을 다물고 있으면 부모님이 걱정하면서 달래준 경험이 있을 것입니다. 그런 경험이 반복되는 과정에서 '입을 다물고 있으면 다른 사람(부모 등)에게 영향을 미칠 수 있다'는 생각이 무의식에 자리 잡게 됩니다.

강한 척하는 유형은 말로 자기표현을 하는 데 서툰 대신,

혼자 묵묵히 일을 잘해내는 경향도 있습니다. 이른바 '고집스런 장인' 유형입니다. 말하지 않아도 일의 결과로 평가받을 수 있으므로 자신의 기술을 연마하는 것이 곧 자기표현으로 직결되는 것입니다.

또한 강한 척하는 유형은 상대방의 태도가 자신의 생각이나 태도를 이끌어냈다는 식으로 말하는 특징도 있습니다.

구체적으로는 자기 멋대로 울거나 화를 냈는데도, '당신이 나를 울렸다', '당신이 나를 화나게 했다'라는 식입니다. 자신의 생각이나 감정의 책임이 상대방에게 있다는 의미입니다. 다시 말해 자기는 잘못이 없다는 태도를 취합니다.

겉으로는 팔짱을 끼거나 다리를 꼬는 자세로 상대방에 대해 마음을 닫고 있는 듯한 태도를 취합니다.

억지로 마음을 열 수는 없다

오노 씨의 고등학교 동창들에게 "그녀는 어떤 사람인가요?" 하고 물으면 대부분 "잘 기억나지 않는다"라고 대답합니다.

10년째 인쇄회사에서 인쇄기를 다루는 일을 하고 있지만 동료들도 오노 씨의 사생활을 거의 알지 못합니다. 다만 성실하고 정직하게 일 처리를 하고, 업무에 실수가 없는 데다 납기도 확실히 지켜서 모두에게 인정받고 있습니다.

오노 씨는 미오 씨라는 대졸 여성 신입사원의 지도를 맡게 되었습니다. 여성 직원이 적은 회사이기 때문에 같은 여성인 오노 씨에게 강제로 맡기는 모양새였습니다.

점심시간이 되어 미오 씨가 붙임성 좋게 "함께 점심 먹으러 가요"라고 말했지만, 오노 씨는 "도시락을 싸 왔어요"라고 거절했습니다. 그런데도 미오 씨는 "그럼 내일은 도시락 가져오지 마시고 같이 드세요. 우리 부서에는 다른 여자 직원도 없고, 오노 씨랑 같이 점심 먹으면서 이런저런 이야기를 나누고 싶어요"라고 밀어붙였습니다.

어쩔 수 없이 다음 날 함께 점심을 먹게 되었고, 아니나 다를까 '학교에서 전공은 뭐였냐?', '왜 이 길을 선택했냐?', '애인은 있냐?', '가족은 몇 명이냐?', '형제자매는 있냐?'라고 미오 씨가 질문을 쏟아내는 터에 오노 씨는 질려버렸습니다.

오노 씨는 한 부모 가정에서 자랐습니다. 엄마의 젊은 애인에게 몇 푼 안 되는 용돈을 빼앗기기도 했고, 외모에 대해 놀림받거나 성추행을 당하기도 했습니다.

18세에 도망치듯 집을 뛰쳐나올 때까지 너무나 괴로운 경험을 했고, 그런 사실을 다른 사람에게 알리고 싶지 않았습니다. 남들이 알게 되면 경멸할까 봐, 엄마의 애인과의 관계를 나쁘게 오해할까 봐 너무나 두려웠습니다.

한편 미오 씨는 묻지도 않았는데 자신의 신상을 털어놓았습니다. 부모님이나 오빠와는 친구처럼 지내며 1년에 두 번은 가족 여행을 다닌다고 했습니다.

오노 씨는 미오 씨가 자신과 너무 다른 삶을 살고 있다는 생각에 우울한 기분이 들었습니다.

시간이 지나자 젊고 사근사근한 미오 씨는 남자 직원들에게 인기가 많아 데이터 신청을 받기 시작했습니다.

그러던 어느 날 다른 직원들이 미오 씨에게 "오노 씨 무섭지 않아요?", "혹여 괴롭히지는 않아요?", "도통 알 수 없는 사람이야", "무슨 일 있으면 나한테 얘기해요" 등과 같은 말을 했습니다. 그런 말들은 여지없이 오노 씨의 귀에까지 들어갔습니다.

다른 사람과 이야기하고 싶지 않았던 오노 씨에게는 너무나도 편했던 직장이 미오 씨가 오고 나서부터 한순간에 바늘방석으로 변해버렸습니다.

미오 씨는 이렇게 이야기하곤 했습니다.

"오노 씨, 같이 이야기해요. 동료끼리 서로를 알려고 하는 노력 정도는 필요하지 않을까요? 모두 오노 씨에 대해 알고 싶어 해요."

오노 씨는 악의 없이 밝게 말하는 미오 씨에게 화가 치밀어 올랐습니다. 따져 묻고 싶어도 말로 분노를 표현하는 것에 익숙하지 않은 오노 씨는 그저 입을 다물 수밖에 없었습니다.

그날은 미오 씨가 말을 걸어도 계속 무시했습니다. 그러자 가까이서 보고 있던 상사가 오노 씨에게 한마디 했습니다.

"무시하는 것도 직장 내 갑질이야. 계속 그런 태도를 보인다면 자리를 보전하기 힘들 거야."

이런 꾸중을 듣고 오노 씨는 울고 싶은 마음이 들었습니다.

'내가 있을 자리는 어디에도 없구나. 미오 씨에게는 여기 말고도 얼마든지 있을 텐데……'

급기야 이런 식으로 생각하게 된 오노 씨는 다음 날 무단 결근을 했습니다. 그러고는 회사에 나가기가 괴로운 나머지 결국 퇴사하고 말았습니다.

조용한 사람이
분노를 표출할 때

실력이 뛰어난 장인 중에는 강한 척하는 유형이 많습니다. 그리고 과묵하지만 자신의 일에 정진하는 솜씨 좋은 목수나 도예가는 제자들에게 존경받는 경우가 많습니다. 실력뿐만 아니라 스승의 정신적인 고귀함, 고고한 분위기를 존경하는 것입니다.

스승이 강한 척하는 유형이라면 과묵함을 통해 자신의 우위를 표현할 수 있어서 좋고, 제자는 그런 모습을 동경할 수 있어서 좋습니다. 수요와 공급이 맞아떨어진 경우라고 할 수 있습니다.

다만 과묵한 태도를 좋게 여기지 않는 사람에게 비난받으면, 숨겨진 분노의 근원이 표출되어 흉악함을 드러내는 사람도 있습니다(물론 그렇지 않은 사람도 있습니다).

주변 사람들이 흉악한 범죄를 일으킨 범인에 대해 '순한 사람이었다', '조용한 사람이었다'라고 기억하는 경우가 있습니다.

과묵함 자체는 좋을 것도 나쁠 것도 없지만, 과묵하다고 해서 모두가 마음속까지 조용한 것은 아닙니다. 무의식 속에

화를 이기는 불편한 심리학

서 분노의 소용돌이가 치는 사람도 있습니다.

　강한 척하는 유형은 자신과 반대로 가만히 있지 못하는 사람이나 개방적인 사람을 싫어합니다. 위의 사례에서 미오 씨는 가만히 있지 못하고 오노 씨가 밝히고 싶지 않은 성장 과정을 이야기하도록 종용했기 때문에 오노 씨는 분노가 치밀어 오른 것입니다.

　오노 씨는 '존재하지 마라'는 분노의 근원을 지녔을 가능성도 있습니다. 그러한 분노가 지나쳐서 깊고 느슨한 사이코패스로 돌변했다면, 자신을 조용히 내버려두지 않는 사람에 대해 '존재 가치가 없다'는 식의 강한 공격성을 보일 수도 있습니다.

실패를
용납하지 않는
'완벽주의 유형'

마지막으로 소개할 마음의 버릇은 '완벽해지고 싶다'입니다. 어릴 때 부모 또는 가까운 사람에게 '똑바로 해라', '틀리면 안 된다' 등과 같이 완벽한 모습을 강요받으면서 성장했을 가능성이 큽니다.

그래서 실패를 용납하지 못하며 자신이나 타인에게도 엄격한 모습을 보입니다.

요즘은 심신이 지친 사람들이 늘어나면서 '편한 게 좋다'는 식의 가치관이 환영받고 있습니다. 하지만 완벽주의 유형은 좀처럼 그렇게 살 수 없습니다. '편하기만 하면 타락한다'는 생각에서 벗어나지 못합니다.

우리 주위에도 완벽주의자로 보이는 사람이 있을 것입니다. 어쩌면 당신도 완벽주의자인지 모릅니다. 어떠한 타협도 허락하지 않는 사람, 자신은 물론 남에게도 엄격한 사람입니다. 이런 유형의 특징을 몇 가지 소개하겠습니다.

편할수록
불편한 사람들

완벽주의 유형은 '저는 ~이고, ~이기 때문에, ~일 때도 있고, ~일 가능성도 있고, ~혹은' 등과 같이 좀처럼 한 문장으로 끝나지 않습니다. 완벽하게 이야기하기 위해 단어를 고르고 또 고르는 버릇이 있기 때문입니다. 이런 식으로 말하면 주위 사람들은 종종 '그러니까 하고 싶은 말이 뭐야?'라는 반응을 보입니다.

또 '하고 싶은 말은 2가지 있습니다. 첫 번째는……, 그리고 두 번째는……'과 같이 논리정연하게 이야기하려는 특징도 있습니다.

그러면서 '아마도', '가능하다면', '마치' 등 불확실하고 애매한 표현도 즐겨 사용합니다. 이런 말들은 일종의 보험입니다. 자신의 예상이 빗나갈 경우 '자신은 처음부터 어긋날 것을 알고 있었다'는 식으로 자신의 완벽함을 담보하기 위해서 입니다.

자신의 완벽함이 무너지는 것을 두려워하기 때문에 나오는 말습관입니다.

이런 사람들은 '실패할 수도 있다'와 같은 부정적인 예측도 합니다. 마찬가지로 '제가 이전에 실패할 가능성이 있다고 했죠?'와 같이 상정된 범위 내에서만 가능하다는 것을 암시하면서 자신의 완벽함을 해치지 않으려고 합니다.

완벽주의자들은 대체로 등을 꼿꼿하게 펴고 똑바른 자세를 유지하는 경우가 많습니다.

누구도 나의 완벽한 삶을
무너뜨려서는 안 된다

레이나 씨에게 린 씨는 자랑스러운 친구입니다. 린 씨는 대형 리크루트 회사에서 컨설턴트로 근무하는 커리어 우먼으로, 같은 중·고등학교에서 6년을 함께 보냈습니다.

린 씨는 사내 커플로 결혼한 남편과의 사이에서 불임 치료

끝에 얻은 초등학생 딸이 하나 있습니다. 머잖아 창업도 계획 중이어서 부러우리만치 모든 것이 순풍에 돛을 단 듯 보입니다. 그녀의 딸은 세 살부터 건강을 위해 수영을 배우고 있습니다.

오랜만에 중·고등학교 시절을 함께 보낸 동창생 4명이 차를 마시게 되었는데, 자연스럽게 린 씨가 화제의 중심이 되었습니다.

"딸아이가 다니는 수영 스쿨은 ○○이지? 대단하네! 그 수영 스쿨 출신은 유명 학교에 추천으로 진학하거나 전국체전에 출전하는 사람이 많다더라."

"맞아. 그런데 킥이 잘 안 돼서 다음 진급 시험 때 잘할 수 있을지 모르겠어."

"그렇구나. 수영 스쿨도 힘들구나."

모두 린 씨를 선망의 눈으로 바라봤습니다. 린 씨는 원래 완벽주의로 성적은 항상 반에서 1등이었습니다. 한번은 전교 순위가 10등 밖으로 밀려난 적이 있었는데 주위 시선 따위는 아랑곳하지 않고 목 놓아 펑펑 울었습니다.

"오늘도 이따가 수영장에 가서 특훈을 할 거야."

레이나 씨는 이 이야기를 듣고 '수영 스쿨에 보내고 있는데 일부러 특훈까지 시키다니 딸아이도 참 딱하다'며 측은지심이 생겼습니다.

그러던 어느 날, 레이나 씨는 쇼핑하러 가던 중에 린 씨의 모습을 보았습니다. 무슨 안 좋은 일이 있는지 무척 화가 난 모습이어서 말을 걸까 망설이다가 잠시 상황을 지켜보기로 했습니다.

"너도 지는 거 싫잖아. 져도 괜찮아? 친구는 이제 막 수영 스쿨에 다니기 시작했는데 벌써 3급이야. 억울하지도 않아?"

그렇게 말하고 있는 린 씨의 옆에서 딸아이가 손으로 얼굴을 가린 채 울고 있었습니다.

"연습하지 않을 거면 엄마 딸 하지 마. 딴 데 가서 살아. 엄마는 이제 모르겠다."

보다 못한 레이나 씨는 자기도 모르게 말을 걸어버렸습니다.

"린! 무슨 일이야? 애가 엄청 울고 있잖아……."

"연습 좀 하라고 했더니 이러잖아. 정말 구제 불능이야."

"에휴, 이렇게 싫어하는데……. 가엽잖아. 좀 쉽게 해보는 건 어때?"

"진급 시험까지 일주일도 안 남았어. 지원자 중에 절반만

합격한다니까. 지금이 고비야. 여기서 멈추면 그간의 노력이 전부 헛수고가 된다고. 얘는 그걸 몰라."

레이나 씨가 무슨 말을 할까 망설이고 있는데, 린 씨의 딸아이가 고개를 들면서 말했습니다.

"엄마, 미안해요."

그 모습을 보고 레이나 씨는 깜짝 놀랐습니다. 도저히 어린아이의 얼굴로 보이지 않았습니다. 생기를 잃은 눈은 눈물로 얼룩져 퉁퉁 부어 있었습니다.

두 사람은 레이나 씨를 남겨둔 채 함께 수영장을 향해 발걸음을 옮겼습니다.

그날 이후 약간의 소동이 있었습니다. 린 씨의 딸이 행방불명이 된 것입니다. 저녁 번화가에서 멍하니 서 있던 아이를 경찰이 발견하고 집에 데려다주려고 했는데 심하게 거절했다고 합니다. 린 씨는 머리를 싸매며 어처구니없어했지만, 레이나 씨는 딸아이가 어떤 기분일지 짐작하고도 남아 왠지 불쌍해서 견딜 수가 없었습니다.

'다 너를 위해서'가
사실은 '다 나를 위해서'

이 사례는 '완벽해지고 싶다'는 마음의 버릇에서 얕고 느슨한 사이코패스의 성향이 발현된 모습입니다. 린 씨는 '다 아이를 위해서야'라는 거짓 정의를 내세워 딸을 공격하고 있습니다.

객관적으로 봐도 딸이 얼마나 힘들어하는지 알 수 있는데, 엄마만 그 사실을 모르는 상황입니다.

완벽주의 유형은 가까운 미래만 보고, 지금의 현상을 제대로 보지 못한다는 특징이 있습니다.

등교를 거부하는 아이의 부모가 '이제 어쩔 거야?', '앞으로 어떻게 살 거야?'라며 자녀를 추궁하는 경우가 있습니다. 장래에 어떻게 살 것인가를 걱정하는 부모의 마음은 이해되지만, 그러다 보면 자녀의 현재 모습이 눈에 들어오지 않습니다. 자녀의 장래를 생각하다가 결과적으로 자녀를 공격하는 꼴입니다.

완벽주의 유형의 부모 중에는 이런 경향을 보이는 분들이 많습니다.

부모는 자녀를 공격하고 있다는 생각을 미처 못 할지도 모롭니다. 하지만 자녀는 부모로부터 공격받고 있다고 느낄 수 있습니다. 부모가 지금 자신의 상태를 전혀 헤아리지 않고 질책만 하고 있으니까요.

자녀의 장래만 살피지 말고, 지금 무엇 때문에 곤란을 겪고 있는지, 어떤 상황인지, 휴식이 필요하지 않은지 등 아이의 현재 상황을 파악하는 것이 매우 중요합니다.

"사이코패스에게는 감정적으로 반응하기보다
상황을 객관적으로 바라보고 이성적으로 대처해야 한다.
필요할 경우 법적 대응을 위해 중요한 상호작용이나
사건을 문서화하는 것이 유용하다."

심리학자, 리타 조던

제3장

'얕고 느슨한
사이코패스'가
눈뜨는
순간

내 안의 분노를
잠재우는
마음의 버릇

이제 더 깊은 의식 속에 자리 잡고 있는 분노의 근원을 알아보겠습니다. 마음 깊은 곳에 내재된 분노가 어떤 일을 계기로 터져 나와 더 강한 공격성을 보이는 깊고 느슨한 사이코패스를 깨우는 것이 무엇인지 살펴봅니다.

'분노의 근원'은 유아기부터 5세 무렵까지 몸에 밴다고 했습니다. 이 시기는 아무래도 양육자(부모)와의 관계를 이야기하지 않고는 설명할 수 없습니다.

분노의 근원은 대부분 가까운 사람과의 관계에서 비롯된 스트레스로부터 살아남으려고 몸에 익힌, 이른바 '마음의 서바이벌 기술'입니다.

살인 사건과 같은 중대 범죄나 유명인의 갑작스런 자살 등
도 이런 분노의 근원에서 비롯되었을지도 모릅니다. 그 사람
이 가지고 있던 분노를 조금이나마 알 수 있다면 그러한 공
격으로부터 자신과 주변의 소중한 사람을 보호하는 데 도움
이 될 것입니다.

'사람을 죽이고 나도 사형에 처해지려고 했다.'

살인을 저지른 범인의 진술을 살펴보면 이런 내용을 흔히
찾아볼 수 있습니다. 이는 범인의 진심이 담긴 말이라고 생
각합니다.

죽음 충동은 '자신과 타인을 의미 없는 존재로 만들고 싶
다'고 생각하는 것입니다. 그러므로 '분노의 근원'에서 비롯
된 깊고 느슨한 사이코패스의 스위치가 켜지면 스스로 목숨
을 끊는 것과 다른 사람을 죽이는 것이 그다지 큰 차이가 없
습니다.

실제로 사람을 죽이고 자기 스스로 목숨을 끊는 사건도 드
물지 않게 일어나고 있습니다. 자포자기(自暴自棄)가 그대로
타포타기(他暴他棄)로 이어지는 것입니다.

이런 상황에 처하면 자신과 타인을 죽음으로 내몰지 않기
위해 방파제 역할을 하는 '마음의 버릇'이 전면에 드러날 수

있습니다.

지금부터 사례를 통해 '분노의 근원이 어떤 마음의 버릇으로 드러나는가'를 함께 생각해봅시다.

나를
존재하게
만드는 것들

먼저 가장 중요한 '존재하지 마라'는 분노의 근원에 대해 알아보겠습니다.

12가지 분노의 근원 중에서도 특히 '존재하지 마라'와 '너 자신을 부정하라'는 자신과 타인을 모두 파멸시킬 정도로 강력한 공격성을 보입니다.

'존재하지 마라'의 공격적인 특징은 크게 다음 4가지를 들 수 있습니다.

- 사람을 선한 자와 악한 자로 구별하거나, 혹은 한 사람을 선할 때와 악할 때로 구별하여 악으로 간주한 상대를 공격한다.

- 악으로 규정한 상대를 공격할 때는 죄책감이 없다.
- 버림받는 것에 대한 불안감을 느낀다.
- 자신의 나쁜 기분을 남에게 전가한다.

'존재하지 마라'는 분노가 공격의 형태로 전가될 때, 이들 중 하나 혹은 복수의 특징을 보일 수 있습니다.

그럼 과연 어떤 공격을 보일까요? 다음 사례로 살펴보겠습니다.

버림받을까 봐
두려운 마음

아이 씨는 10년 전쯤에 나온 소년 만화 《미스터 농구왕》(가제)을 아직도 좋아해서 일러스트 사이트에 만화를 그려서 계속 올리고 있습니다. 《미스터 농구왕》은 애니메이션이나 영화로도 제작되어 한때 큰 인기를 얻었지만, 유행이 끝난 뒤로는 일러스트를 그리는 사람이나 아이 씨의 만화를 보는 사람이 크게 줄었습니다.

그래서 지금도 《미스터 농구왕》의 팬 활동을 하는 사람과의 인연이 자연스럽게 깊어졌습니다. 그중에서도 가장 열심히 활동하는 사리 씨는 아이 씨가 일러스트를 올리자마자 바로 '좋아요'를 눌러주거나 감상평을 남깁니다. 사리 씨와는 오프라인 이벤트 때 몇 번 만났을 뿐이지만 나이도 비슷해 소중한 친구로 생각하고 있습니다.

예전에는 같은 《미스터 농구왕》의 팬으로 일러스트를 아주 잘 그리는 루키 씨와도 교류했지만, 루키 씨는 지금은 다른 인기 애니메이션의 일러스트만 그리고 있고 《미스터 농구왕》 일러스트는 게시판에서 모두 지운 상태입니다. 아이 씨는 루키 씨의 일러스트를 팬으로서 무척 좋아했기 때문에 《미스터 농구왕》 일러스트 활동을 접은 그가 매우 야속했지만, 저장해둔 루키 씨의 일러스트를 가끔 다시 찾아보면서 아쉬움을 달래곤 했습니다.

이런 아이 씨와는 달리 사리 씨는 격하게 분노했습니다. "루키 씨는 배신자다. 작품에 대한 애정 따위는 없고 그저 유행만 좇는 메뚜기 같은 놈이다"라며 SNS를 통해 비난했습니다. 반면 아이 씨에게는 "아이라(아이 씨의 별칭) 님은 최고다. 일러스트도 무척 잘 그리고 캐릭터에 대한 애정도 깊다. 평생 함께 가자!"라며 칭찬을 해주었습니다.

아이 씨는 직장 동료의 권유로 인기 소셜 게임인 〈버즈 라이브〉(가제)를 시작했다가 어느새 푹 빠져 좋아하는 캐릭터도 생겼습니다. 그래서 〈버즈 라이브〉 일러스트를 너무나도 그리고 싶은데 사리 씨가 루키 씨를 비난했던 말이 떠올라 주저하고 있습니다.

하지만 〈버즈 라이브〉 일러스트를 그리고 싶은 마음을 주체할 수 없어서 새 계정을 만들고 이름도 바꿔서 활동을 시작했습니다. 루키 씨 정도의 수준은 아니었지만 일러스트나 만화를 곧잘 그렸기 때문에 얼마 되지 않아 인기를 끌기 시작했습니다. 《미스터 농구왕》의 일러스트는 기껏해야 100명 정도밖에 반응이 없는데, 〈버즈 라이브〉의 일러스트는 한창 인기몰이 중이어서 그런지 눈 깜짝할 사이에 1천 명, 1만 명이 '좋아요'를 눌러주었습니다.

그러던 중 〈버즈 라이브〉 일러스트를 그리기 시작한 루키 씨가 "이 일러스트를 그리신 분이 혹시 《미스터 농구왕》으로 활동하던 아이 씨가 아닌가요?"라며 친구 신청을 했습니다. 사리 씨와의 관계 때문에 거리를 두고 있었지만, 원래 팬이라서 아이 씨는 뛸 듯이 기뻤습니다. "루키 씨와 다시 같은 작품으로 활동할 수 있다니 꿈만 같아요"라는 메시지를 곧바

화를 이기는 불편한 심리학

로 보냈습니다.

하루는 사리 씨가 아이 씨에게 "요즘 《미스터 농구왕》 일러스트가 뜸하다"는 메시지를 보내왔습니다. 주요 활동 무대를 〈버즈 라이브〉로 옮겼다는 사실을 알면 분명 화를 낼 것이 뻔했기에 아이 씨는 "바빠서 일러스트를 그릴 시간이 없다"라고 답장했습니다.

그러던 어느 날, 아이 씨는 〈버즈 라이브〉 전용 계정으로 '표절을 멈춰라', '부끄럽지 않습니까?' 등의 중상모략을 하는 메시지를 받았습니다.

깜짝 놀란 아이 씨가 자신의 아이디(ID)로 검색해봤더니 "아이 씨는 표절 상습범입니다. 지금은 〈버즈 라이브〉에서 활동하는데 이 사람을 주의하세요"라는 게시물이 올라와 있었습니다.

게시물의 작성자는 사리 씨였습니다. 거기에는 아이 씨가 예전에 그린 《미스터 농구왕》 일러스트도 몇 장 올라와 있었고, 무엇을 표절했는지 사진과 잡지 표지 등이 함께 게재되어 있었습니다.

저작권법을 잘 몰랐을 때 허가 없이 배경이나 인물의 포즈를 흉내 내어 그린 일러스트를 판매한 적이 있습니다. 하지만 지금은 반성하고 그런 일은 하지 않습니다. 해당 일러스트도 최대한 회수한 상태였습니다.

사리 씨는 "범죄자 아이라의 본명, 주소, 직장, 얼굴을 공개하겠다"고 선언까지 해둔 상태였습니다.

아이 씨는 급히 사리 씨에게 "왜 이러느냐. 바로 멈춰달라"라는 메시지를 보냈습니다. 그러자 사리 씨는 "배신자에게 벌을 주고 있을 뿐이다. 몰래 루키 씨와도 연락하면서 《미스터 농구왕》 팬들까지 우습게 봤다. 그 대가를 치러야 한다"라고 답장을 보내오면서, 심지어 "죽어라"는 극단적인 표현도 서슴지 않았습니다.

게다가 "아이 씨 때문에 나는 불행의 구렁텅이에 빠졌다. 밥도 목구멍으로 넘기지 못하고 죽을 생각만 하고 있다"라는 메시지까지 보내왔습니다. 예전 이벤트 때 함께 찍은 사진을 첨부했는데, 아이 씨의 얼굴이 검게 칠해져 있었습니다. 아이 씨는 '죽음'이라는 말에 왠지 자신이 나쁜 일에 휘말릴 수 있다는 불길한 생각이 들었습니다.

아이 씨는 신변의 위협을 느끼고 아버지의 지인인 변호사를 소개받아 상담했습니다. 변호사는 사리 씨가 행동을 취한다면 법적으로 어떤 대응을 할 수 있는지 설명해주었습니다.

하지만 아이 씨는 사리 씨를 차마 저버릴 수 없다는 생각도 있었습니다. 오랫동안 《미스터 농구왕》을 함께 응원해온 사이였고, 다른 사람들이 떠나도 계속 팬으로 남아주었는데 정말로 법적인 조치까지 취해야 하는지 판단할 수 없었습니다.

다시 한 번 사리 씨와 대화해보려고 SNS를 살펴보니 "아이 씨, 미안해요. 저를 미워하지 마세요. 아이 씨를 많이 좋아합니다. 《미스터 농구왕》에서 계속 활동해주기를 바라는 마음이 너무 커서 그랬습니다"라는 메시지가 와 있었습니다.

아이 씨는 눈물을 글썽이며 "저야말로 사리 씨를 슬프게 해서 미안해요. 몰래 〈버즈 라이브〉로 갔던 것은 제 잘못입니다. 다시 사이좋게 지내요"라고 메시지를 보냈습니다. 그리고 괜찮다면 〈버즈 라이브〉를 함께하자며 게임 아이디를 알려줬습니다.

하지만 다음 날 아침, "〈버즈 라이브〉에서 활동하는 아이디 ○○를 쓰는 사람을 주의하세요. 개념 없고 사람을 반복해서 배신합니다. 저도 죽음을 생각할 정도로 괴로웠습니다. 차단하고 무시해주세요"라는 사리 씨의 투고 글이 올라와 있었습니다.

아이 씨는 하루아침에 돌변한 사리 씨가 어떤 사람인지 도

무지 알 수 없어 혼란스러울 뿐이었습니다.

선한 히어로와
악한 빌런이 확실한 세계

사리 씨는 아이 씨를 비난하기 전까지는 '최고'라고 칭찬하는 등, 어떤 의미로 '이상화(理想化)'하고 있었습니다. 반면 루키 씨를 격렬하게 비난했는데, 이것은 이상화에서 벗어난 '탈이상화'라고 할 수 있습니다.

그리고 아이 씨에게 배신감을 느끼자마자 이번에는 아이 씨를 탈이상화하기 시작했습니다.

심리학에서는 이런 현상을 '스플리팅(splitting, 분열)'이라고 부릅니다.

'좋고 나쁨'을 확실히 구분하고, 주위 사람들을 둘 중 하나의 범주에 넣으려는 심리적인 특징입니다. '좋다'와 '나쁘다'만 있을 뿐이며 그 중간은 없습니다.

선한 히어로와 악한 빌런이 확실히 구분되는 영화 속 세계와 비슷합니다.

스플리팅, 즉 분열이 일어나는 원인은 영유아기의 경험에서 비롯된다고 합니다. 아기 때 겪은 일은 대부분 기억을 못 하지만, 놀랍게도 무의식 속에는 그 기억이 확실히 새겨져 있습니다.

엄마가 미소 지으며 젖을 물릴 때 아기는 '이 사람은 좋은 엄마'라고 생각합니다. 하지만 배가 고파서 계속 우는데도 잠에 빠져 알아차리지 못하는 엄마라면 '나를 내버려두다니! 이 사람은 나쁜 엄마'라고 생각합니다.

그리고 '나쁜 엄마는 싫어!'라며 엄마를 공격합니다. 아기 한테는 우는 것이 최선의 공격입니다.

이는 영유아기의 특징이며, '좋은 엄마'와 '나쁜 엄마'는 각 기 다른 사람이라는 감각을 가지고 있다고 합니다. 그러다 점점 성장하면서 '같은 엄마라도 좋을 때가 있고 나쁠 때가 있다. 좋고 나쁨을 둘 다 가지고 있는 존재가 인간이다'라는 사실을 깨닫습니다.

그렇기 때문에 우리는 완벽하지 않은 자신이나 타인을 용 서할 수 있는 것입니다. '피곤하면 상냥하게 대하지 못할 수 도 있다', '누구나 다급하면 실패할 수 있다'라고 생각하는 것 처럼 말입니다.

하지만 드물게 좋은 부분과 나쁜 부분이 분열되어 있다는 인식이 수정되지 않은 채 성장하는 사람이 있습니다. 그런 사람은 사리 씨처럼 '나를 배신한 아이 씨는 더 이상 내가 좋아했던 아이 씨가 아니라 그저 나쁜 존재일 뿐이다. 그러므로 공격해도 된다'라는 거짓 정의를 품을 수 있습니다.

또한 갑자기 분노가 시들해져서 사과하기도 합니다. '좋을 때의 아이 씨, 나쁠 때의 아이 씨'가 다른 인물인 것처럼 대응하는 것입니다.

이런 사람은 과연 어떤 의식을 가지고 있는 걸까요? 또 왜 선악이 분열된 채로 남게 되었을까요? 이제부터 하나하나 살펴보도록 하겠습니다.

100% 좋은 사람과 100% 나쁜 사람

성장 과정에서 '좋다'와 '나쁘다'가 통합되어 '좋을 때도 있고 나쁠 때도 있다. 그것이 인간이다'라고 인식해야 하는데, 이것을 가로막는 것이 바로 죄악감입니다.

인생의 첫 죄악감은 아기가 자신의 엄마에게 '나쁜 짓을 했다고 생각할 때'라고 합니다.

어느 정도 뇌가 발달하면 '나쁘다고 생각했던 엄마는 사실 좋은 엄마와 같은 사람이라는 것'을 깨닫습니다. 그리고 '좋은 엄마를 나쁘게 생각해서 미안하다'라는 죄악감이나 속죄의식이 생깁니다.

보통 이 첫 번째 죄악감을 계기로 좋은 엄마와 나쁜 엄마가 통합된다고 합니다.

아기에게 가장 친밀한 존재는 대부분 엄마이기 때문에 이 책에서는 '좋은 엄마'와 '나쁜 엄마'라고 썼습니다. 하지만 아기에게 가장 친밀한 존재가 아버지나 다른 양육자인 경우도 마찬가지입니다.

바꿔 말하면, 첫 죄악감을 갖지 않은 채 성장하면 좋은 엄마와 나쁜 엄마의 통합이 일어나지 않을 수 있습니다.

0% 혹은 100%,
좋거나 혹은 나쁘거나

어린 시절에 죄악감을 느끼지 못하는 이유는 발달의 문제도 있지만 이 시기에 겪은 극도의 분노가 원인이 될 수도 있습니다.

가령 폭력이나 방치와 같은 '자신의 존재(생명)를 위협받는 경험'을 하면 죄악감보다 분노가 더 크게 자리 잡습니다.

반드시 부모의 양육 태도가 잘못돼서 그렇게 되는 것은 아닙니다. 예를 들어 '(지금은 신경 쓸 수 없으니까) 저기 가서 놀고 있어라'와 같이 사소한 계기를 통해 '자신의 존재를 부정당했

화를 이기는 불편한 심리학

다'고 받아들일 수 있습니다.

그럼 좋은 엄마와 나쁜 엄마가 통합되지 않은 사람은 어떤 사고를 할까요?

물론 머리로는 '좋은 면과 나쁜 면이 있을 뿐 둘은 동일한 존재'라고 이해하고 있습니다. 자신이 '좋게 생각하는 사람과 나쁘게 생각하는 사람이 같은 사람'이라는 것을 정확하게 인식하고 있습니다.

그런데도 무의식적으로 '좋다'와 '나쁘다'를 구분해야 한다는 생각이 지배하기 쉽습니다.

'존재하지 마라'는 분노의 근원을 지닌 사람은 상대를 '나쁜 사람'이라고 인식하는 순간 강한 분노가 표출되어 깊고 느슨한 사이코패스로 돌변할 수 있습니다.

사랑이 지나치게 깊으면 오히려 증오할 수 있는 것과 같습니다. 좋아하던 상대가 악으로 돌아섰을 때 더 심한 공격을 가하는 것은 이러한 심리 때문입니다. 좋아했던 사람일수록 배신감이 더 커지는 것이죠.

이런 심리를 가진 사람은 당연히 인간관계가 좋지 않을 것입니다. 이상적인 면을 보고 '좋은 사람임이 틀림없다'라고 생각했다가도, 부정적인 면이 보이는 순간 공격하거나 관계를 끊어버리기도 합니다. 이런 사람의 인간관계는 0% 아니면 100%밖에 없습니다. 30% 혹은 50%의 관계는 허용하지 않습니다. '자신에게 전부이거나 아무것도 아닌 사람'으로 분열되어 있습니다.

자신에게 완벽한 사람은 있을 수 없습니다. 그래서 이상 속의 인물을 찾는 일은 불가능합니다. 하지만 이런 사람은 무의식적으로 끊임없이 이상적인 사람을 갈구합니다.

불안감이
분노로 바뀔 때

한편 '존재하지 마라'는 분노의 근원을 지닌 사람은 강한 '유기 불안'을 품고 있는 경우가 많은 것도 특징입니다. 본인 스스로 상대와 관계를 끊고서는 나중에 절연한 것을 후회한 다며 '부탁이야. 제발 나를 버리지 말아줘!'라고 간절히 화해를 바랍니다. 그러고는 다시 관계를 끊는 일을 반복하는 사람도 있습니다.

'당신은 나에게 소중한 사람이야. 계속 내 곁에 있어줘'라고 말하고서는, '두 번 다시 내 앞에 나타나지 마'라고 말합니다. 이런 극단적인 말에 반복적으로 휘둘리다 보면 상대는 '이중인격자가 아닐까?'라는 생각이 들기도 합니다.

'유기 불안'은 영유아기부터 유아기에 걸쳐, 역시 엄마나 가까운 양육자와의 관계 속에서 몸에 배는 경우가 많습니다.

'자신을 돌봐주지 않는 나쁜 엄마'가 사실은 '상냥하고 좋은 엄마'와 같은 사람이라는 것을 알았을 때, 아기는 죄악감과 함께 '엄마, 미안해요. 엄마를 싫어했던 나를 버리지 말아요'라고 느낍니다.

나쁜 생각을 품었던 자신을 엄마가 받아들이고 용서해주었다고 느낄 때 아기의 '유기 불안'은 서서히 사라집니다. 엄마가 변함없이 아껴준다고 느끼면 아기는 '용서받았다'고 여기는 것입니다. 그러면서 엄마에 대해 깊은 신뢰를 갖게 됩니다.

이렇게 해서 다른 사람과도 신뢰를 쌓을 수 있게 되고, '상대가 나를 받아줄 것이다', '지금은 다퉜지만 다시 관계를 회복할 수 있다'라는 안정감을 확보할 수 있습니다.

하지만 엄마가 죄악감을 안고 있는 아기를 상냥하게 대해주지 않거나 아기가 그렇게 느끼면 '엄마에게 용서받지 못했다. 나는 부모에게 버려진 게 아닐까?' 하고 불안해합니다.

죄악감이나 스플리팅(분열)과 마찬가지로 유기 불안을 해소하지 못한 채 어른이 된 사람이 있습니다.

유기 불안을 품고 사는 사람은, 가령 자신의 메시지에 상대가 조금 늦게 답했을 뿐인데도, 애인이나 친구에게 '미움받고 있다'고 믿게 됩니다. '내가 뭘 잘못했지?'라며 자책하거나, 관심을 끌려고 '죽고 싶다' 등 과격한 언행을 보이고 공격적인 태도를 취하기도 합니다.

본인은 단지 불안한 마음에서 그런 언행을 하는 것이지만, 그런 이야기를 들은 상대의 마음은 편하지 않습니다. 직접적인 폭력을 당하지 않았더라도 공격받고 있다는 느낌이 들 것입니다.

'내가 기분 나쁜 것은 너 때문이야'

앞의 사례에서 사리 씨는 아이 씨 때문에 자신이 불행해진 것처럼 말하고 있지만, 냉정하게 보면 아이 씨는 전혀 나쁜 짓을 하지 않았습니다. 사리 씨가 일방적으로 배신감을 느끼고 있을 뿐입니다.

상대가 아무 짓도 안 했는데 갑자기 기분 나빠하며 짜증을 내는 사람이 있습니다. 이처럼 자신이 기분 나쁜 이유를 다른 사람의 탓으로 돌리는 심리를 '투사적 동일시(projective identification)'라고 합니다.

이 또한 영유아기의 '좋은 엄마, 나쁜 엄마'와 관련이 있습니다. 아기는 '나쁜 엄마는 싫다'라며 울거나 짜증 내고 화를 냅니다. 하지만 좋은 엄마와 나쁜 엄마가 통합되면, 비록 엄마에게 화가 나도 '짜증을 내면 안 된다. 왜냐하면 좋은 엄마이기도 하기 때문이다'라며 화내는 것을 참습니다. 이를 '억압'이라고 합니다.

즉, '좋은 엄마'에 대한 죄악감을 통해 자신의 분노를 조절할 수 있습니다. 아직 심리적으로 충분히 발달하지 않은 유아기에는 친구에게 괴롭힘을 당했을 때, 그 친구가 아니라 엄마를 때리거나 나쁜 말을 퍼부으며 분노를 표출하는 경우가 있습니다. 이는 어려서 '억압' 조절이 잘 이루어지지 않아 자신이 기분 나쁜 것과 전혀 관계없는 사람에게 화풀이하는 것입니다.

그러므로 좋은 엄마에 대한 죄악감을 충분히 느끼지 못한 채, '존재하지 마라'는 분노의 근원을 지닌 사람이 어른이 되면 자신의 분노를 주위의 친밀한 사람에게 돌리려는 특징을 보입니다.

그럼 이 경우 어떤 사람이 공격의 대상이 되기 쉬울까요?

친밀할수록 표적이 되기 쉽다

'존재하지 마라'는 분노의 근원을 지닌 사람의 공격 대상이 되기 쉬운 사람은 연인이나 배우자와 같이 친밀한 사이 또는 교사, 정신과 의사, 심리상담사 등입니다.

말하자면 자신의 심적 괴로움을 도와줄 것으로 보이는 사람입니다.

'물에 빠진 사람은 지푸라기라도 잡는다'는 속담이 있는데, 그야말로 '존재하지 마라'는 분노의 근원을 지닌 사람은 마음이 어딘가에 빠져 허우적대는 기분에 사로잡혀 있습니다.

그렇게 '자신이 물속에 빠진 듯한 기분'이 들 때 도와줄 사람이 나타나면 물속에 빠지지 않으려고 매달리는 것입니다.

경우에 따라서는 너무 강하게 매달리는 바람에 '지푸라기'인 상대도 말려들어 함께 빠지고 맙니다.

화를 이기는 불편한 심리학

지푸라기가 된 상대는 거듭되는 분열, 분노, 우울한 심리를 받아내야 하는데, 어떨 때는 통제되는 것처럼 느껴지기도 합니다.

아이 씨도 사리 씨가 통제되고 있다고 생각했지만 실은 그의 말 한마디 한마디에 휘둘리고 있었습니다.

또 상대가 나에게 매달리다 보면 점점 애정으로 발전하는 경우도 있습니다. 상담을 받다가 점점 빨려들어 경우에 따라서는 깊은 관계로 발전하기도 합니다.

하지만 한쪽이 어느 한쪽에게 매달리는 것은 서로의 신뢰와 존경으로 이루어진 감정이 아니라 거짓된 애정입니다. 그러니 오래가지 않아 파국을 맞이하는 경우가 많습니다. 이렇게 시작된 관계는 끝날 때 사느냐 죽느냐의 험악한 사태로 발전하기까지 합니다.

아무래도 지푸라기를 대신한 사람이 정신적인 괴로움을 견디지 못하고 도움의 손길이나 관계를 끊어버리려고 하면 그 분노가 최고조에 달하기 때문이죠.

나를 공감해주는 사람들이
모두 사라졌다고 느낄 때

2008년 일본에서 일어난 '아키하바라 묻지 마 살인 사건'의 재판 기록이나 보도에 따르면 범인은 인터넷 커뮤니티 게시판에 일상의 괴로움을 토로했다고 합니다.

범인은 성장 과정에서 학대받았고, '존재하지 마라'는 분노의 근원을 지니게 되었습니다. 어른이 된 뒤 인터넷을 통해 사람들과 교류하면서 자신이 물에 빠지는 것을 막고 있었습니다. 범인은 자신이 게시판에 올린 글을 누군가 읽어주고 공감해줬다고 믿고 있었을지 모릅니다.

실제로 범인은 범행 8개월 전에 같은 커뮤니티 회원에게 자살을 암시하는 메일을 보냈습니다. 그러자 해당 회원은 '다시 생각해보라'는 메일을 보냈습니다.

범인에게는 커뮤니티 게시판이 지푸라기 역할을 했습니다. 그러다 게시판에서 자신에게 도발하는 글들을 발견했습니다. 범인은 자신이 매달리고 있는 게시판(즉, 커뮤니티 회원)에게 배신감을 느꼈을 것입니다.

이윽고 분노를 조절하지 못하는 상황으로 치달은 범인은 커뮤니티 회원들에게 심리적인 타격을 줄 만한 큰 사건을 일으키겠다는 생각을 했습니다. 여기서 범인은 '커뮤니티 게시판을 혼란스럽게 만든 자를 응징하겠다'라는 거짓 정의에 사로잡혀 있었습니다. 그리고 묻지 마 살인 사건을 일으키고 말았습니다.

있는 그대로의
나로 인정받지
못할 때

'인류 최초의 살인'은 아담과 하와(이브)의 장남인 카인이 동생 아벨을 살해한 일입니다. 형은 신이 아끼는 동생을 질투한 나머지 죽여버리고 말았습니다.

성경에 나오는 이야기이지만 현실에서도 형제자매의 갈등이 자신과 타인의 존재를 위협하는 강한 분노의 근원으로 작용하는 경우가 드물지 않습니다.

부모가 자신이 아닌 다른 형제자매를 칭찬하고 자신을 깎아내리는 언행을 하면, 무의식 속에서 '형은 소중하지만 자신은 그렇지 않다'는 생각이 자리 잡습니다. '왜 형 말고 나는 사랑해주지 않는 거야'라는 분노가 무의식의 깊은 곳에 박혀

버립니다.

형제자매 이외에 또래의 다른 아이와 비교하는 것도 원인이 됩니다.

'너 자신을 부정하라'는 '존재하지 마라'와 마찬가지로 존재와 관련된 강한 분노의 근원입니다. 있는 그대로의 나를 인정할 수 없고 본래의 나로는 존재할 수 없다는 경험이 지속되었을 때 나타날 수 있습니다.

'머리가 좋다', '신동이다' 등과 같은 칭찬을 듣고 자란 아이가 오히려 '너 자신을 부정하라'는 분노의 근원을 지니기도 합니다. 이것도 본래의 내가 아닌 '나는 우수해야 한다'는 생각이 박혀 있기 때문입니다.

또 형제자매가 일찍 죽는다면 '자신은 죽은 형제자매의 대신'이라는 생각을 품게 되는데, 이때도 '너 자신을 부정하라'는 분노의 근원을 가질 수 있습니다(형제자매의 죽음을 경험하면 자신도 머지않아 죽을 수 있다는 생각으로 인해 '존재하지 마라'는 분노의 근원을 가지는 경우도 많습니다).

유명 의사의 아들 렌 씨의 사례(59쪽 참고)에서는 '너 자신을 부정하라'는 분노의 근원이 '노력하고 싶다'는 마음의 버릇으로 변환되어 표출되었습니다.

실제로 '너 자신을 부정하라'는 분노의 근원을 지닌 사람은 자신을 잃지 않으려고(자신을 부정당하지 않기 위해) 비정상적일 정도로 노력한다고 합니다.

미시마 유키오의 '존재할 수 없는 괴로움'

기미타케는 유서 깊은 집안의 장남으로 태어났습니다. 원래 작은 몸집으로 태어나 약골이었던 그는 엄격한 할머니 손에서 자랐습니다.

할머니는 기미타케를 항상 곁에 두고, 젖을 먹을 때 외에는 어머니조차 만나지 못하게 했습니다. 할머니는 기미타케에게 연상의 여자아이와 놀라고 하면서 남자아이가 좋아하는 거친 놀이는 금했습니다.

그에 대한 반항인지 성장한 기미타케는 보디빌딩이나 검도 등에 몰두했습니다. 강한 남성성으로 자신을 되찾고 약한 자신과 결별하려는 듯 보였습니다.

이 이야기는 일본의 대문호 미시마 유키오의 일화입니다. 그는 '너 자신을 부정하라'는 분노의 근원을 지니고 있었다고 생각됩니다.

'너 자신을 부정하라'는 '본래의 자기 성별이어서는 안 된다', '(사회가 요구하는) 남성다움을 되찾아야 한다'와 같이 성 정체성의 혼란을 초래할 수 있습니다.

부모에게 '사실은 아들(딸)을 갖고 싶었다'라는 말을 듣거나, 성별과 다른 옷과 머리 모양을 강요받으면, 아이는 자신의 성별을 인정받지 못한다고 생각할 수 있습니다.

물론 성의 다양성을 부정할 의도는 없습니다. 시대가 바뀌어 '남성다움'이나 '여성다움'을 나누는 규범은 앞으로 더욱 희미해질 것입니다.

'너 자신을 부정하라'는 분노의 근원은 지금의 자신이 본래의 자신과 다르다고 느끼는 간극에서 비롯된 괴로움입니다.

미시마 유키오는 자전적 소설 《가면의 고백》에서 자신의 본래 성별로 존재할 수 없었던 괴로움을 그렸습니다. 당시는 지금보다 연애에 대한 규범도 엄격했고 동성애에 대한 사회적인 이해도 없었기에 남자를 사랑하는 것에 대한 마음의 갈등이 깊었습니다.

'나 자신으로 남아 있겠다'는 힘은 매우 강합니다. 미시마 유키오도 마음의 버릇 '노력하고 싶다'를 이용하여 남보다 많

은 노력을 이어왔습니다. 그리고 '강한 남자인 본래의 자신'
으로 돌아가겠다고 생각했던 것으로 보입니다.

미시마 유키오는 자신이 '마스라오(益荒男)'임을 노래하는 시
를 짓기도 했습니다. 마스라오는 '용맹한 사나이'라는 의미이
며, 가슴속 응어리를 노래하는 내용입니다.

'나 자신을 부정했을 때'의 위험성

'노력하고 싶다'는 마음의 버릇을 가지고 있으면 '노력을 통
해 나 자신으로 남고 싶다'는 의지를 보이고 '너 자신을 부정
하라'는 분노의 근원을 억제하는 경우가 있습니다. (80쪽 참고)

'너 자신을 부정하라'는 분노의 근원은 '노력하고 싶다'는
마음의 버릇과 조합될 수 있습니다. 예를 들어 섬세한 유형
이라면, '본래 내 모습으로 살기 위해 남을 기쁘게 해주자.
기쁨을 줄 수 없는 나 자신은 필요 없다'라고 생각합니다.

'성급한 유형'이라면, '본래 내 모습으로 살기 위해 서두르
자'라고 생각합니다. 남보다 못하거나 실패하면 본래 내 모
습으로 살 수 없다는 공포를 갖고 있기 때문에, 자신의 모습

으로 살기 위해 타인과 경쟁해서 이기려고 애씁니다. 그래서 다른 사람에게 쫓기면 자신의 존재가 위협받는다고 느끼고 격한 분노를 표출하는 것입니다.

어쨌든 '마음의 버릇'이라는 방파제가 사라지면 '너 자신을 부정하라'는 분노의 근원이 얼굴을 드러내면서 강력하게 분출됩니다.

'너 자신을 부정하라'는 분노의 근원을 지닌 사람이 노력할 수 없게 되었을 때는 자신의 생명과 관련된 결단을 내리는 경우가 많습니다. 이런 경우에 노력은 숭고한 행위이면서도, 한편으로는 자신에 대한 공격이 됩니다. 그 노력이라는 '공격'이 자신의 육체에 작용한 것이 자해나 자살입니다.

"사이코패스로부터 자신의 정신적, 감정적 건강을
지키기 위해 친구, 가족, 상담사 등 지원 시스템을
구축하는 것이 중요하다. 항상 빠져나갈 계획을 세워두고,
신속하게 그 상황에서 벗어날 수 있도록 준비해야 한다."

관계 갈등 해결 전문가, 데이비드 스나이더

제4장

무의식에서
튀어나온
'깊고 느슨한
사이코패스'

친밀한 관계에
익숙해지지
않는 이유

"이렇게 괴로울 거면 만나지 말걸."

디즈니 영화 〈포카혼타스〉에서 붙잡혀 처형을 기다리는 연인에게 주인공이 괴로운 심경을 토로하며 말합니다.

'그러니까 처음부터 좋아하지 않으면 되죠'라고 생각한다면 '친하게 지내지 마라'는 분노의 근원을 지닌 사람일 가능성이 높습니다.

'존재하지 마라'가 생명의 존속을 위협하는 분노의 근원이라면 '친하게 지내지 마라'와 '소속되지 마라'는 인간관계에 어려움을 느끼는 분노의 근원입니다.

심리학 용어는 아니지만, '습관적 인간관계 리셋(reset, 다시

　　　　　　　　　　　　　화를 이기는 불편한 심리학

맞추기)'이라는 말이 있습니다. 어느 날 갑자기 이유 없이 그동안 쌓아온 인간관계를 끊어버리는 성향을 말합니다. 어떤 조짐도 없이 SNS 계정을 삭제하고 전화나 메시지를 차단합니다. 주변 사람들은 무슨 일이 생긴 건 아닌지 걱정하거나, 자신이 뭔가 잘못한 건 아닌지 불안해합니다.

이처럼 습관적으로 인간관계를 리셋하는 사람은 '존재하지 마라'에서 기인하는 유기 불안이 잠재되어 있어서 버림받고 상처받기 전에 스스로 떠나는 것입니다. '친하게 지내지 마라'는 분노의 근원을 지닌 사람도 비슷한 모습을 보입니다. 자신이 상처받기 전에 먼저 상대와 관계를 끊어버리면 편할 것이라고 생각합니다.

인간관계를 오래 지속할 수 없기 때문에, 자신이 더 많이 좋아하기 전에 혼자인 상태로 돌아가려는 것입니다.

인간관계가
오래 지속되지 않는 이유

'친하게 지내지 마라'는 분노의 근원은 영유아기 때 양육자를 불신하는 계기로 인해 생겨났을 가능성이 높습니다. 무의식 속에 불신이 깃들면 '아무도 신뢰할 수 없다', '반드시 배신 당한다'고 믿는 저주에 걸립니다.

그래서 '친하게 지내지 마라'는 분노의 근원을 지닌 사람은, 그런 자각이 없어도 인간을 혐오하는 특징이 있습니다. 그래서 특정한 누군가를 싫어한다기보다 대다수 사람과 관계가 원만하지 않습니다.

먼저 증발(집을 나가 실종되는 것)이나 사망 등으로 어린 시절에 부모가 갑자기 사라지는 경험을 들 수 있습니다(아이가 '존재하지 마라'는 분노의 근원을 갖게 될 가능성이 있습니다). 어린아이 입장에서는 무슨 일이 일어났는지 알 수 없고, '나한테는 엄마 아빠가 필요한데 왜 곁에 있어주지 않지?'라고 생각합니다.

또한 양육자가 아이를 대하는 방식이 일정하지 않고 기분에 따라 달라지는 것도 원인일 수 있습니다. 예를 들어 아이가 식사를 남겼을 경우에 어떤 때는 그냥 넘어가는가 하면 호통을 칠 때가 있습니다. 그러면 아이는 '이 사람에게는 어떻게 대응해야 할지 모르겠다. 위험하니까 다가가지 않는 것이 좋겠다'는 경계심이 생깁니다.

어릴 때 의지해야 할 부모를 전폭적으로 신뢰하지 못하면 어른이 되어서도 다른 사람들을 신뢰할 수 없습니다. 애초에

　　　　　　　　　　화를 이기는 불편한 심리학

신뢰가 어떤 것인지 모르니 당연한 일일지도 모릅니다.

부모와 정서적인 교류 없이 자란 사람, 또는 타인과 친밀한 관계를 맺지 못하도록 강요당한 사람은 '친하게 지내지 마라'는 분노의 근원을 지니고 있을 가능성이 높습니다.

부모가 친구들과 노는 것을 금지한 경우에도 '친하게 지내지 마라'는 분노의 근원이 생길 수 있습니다. 시인 나카하라 주야(中原中也)는 처음 보는 사람에게도 시비를 걸어서 친구들이 질려버렸다고 합니다. 나카하라의 아버지는 군의관이었는데, 자신보다 계급이 낮은 부모의 아이들과 노는 것을 금지했습니다(당시에는 사회적인 계급의식이 존재했습니다).

그로 인해서 '친하게 지내지 마라'는 분노의 근원이 생겨서 전혀 모르는 상대한테 '뭔가 마음에 들지 않는다'는 감정을 느꼈을 것으로 추정됩니다.

상처받을까 봐
관계를 멀리하는 사람

사람들은 서로 이야기를 주고받지 않아도 상대에게서 많은 정보를 읽을 수 있습니다. 처음 보는 사람과 마주쳤을 때

대화를 나누지 않아도 '이 사람과는 사이좋게 지낼 수 있을 것 같다'라든가 '이 사람과는 좀 맞지 않다'는 직감이 생기기도 합니다.

상대가 노골적으로 싫은 태도를 보이지 않는데도, '저 사람은 나를 싫어하는 것이 틀림없다'라는 느낌이 자주 든다면 우선 주의하는 것이 좋습니다.

'친하게 지내지 마라'는 분노의 근원을 가진 사람은 사람과 관계 맺는 것을 싫어하는데, 심지어 처음 만난 상대를 노골적으로 불편하게 대하는 경향이 있습니다.

'매우 직설적인 사람'이라고 생각할지 모르겠지만, 여기에는 매우 복잡한 심리가 숨어 있습니다.

심리학 용어로 '투영'이라고 하는데, 자신의 생각을 상대의 생각인 양 취급하는 심리입니다. 예를 들어 '저 여자는 나에게 마음이 있는 것 같다'라고 생각하는 남자가 있습니다. 그런데 사실 여자는 그 남자에게 아무 관심이 없고, 실제로 '마음이 있는 쪽'은 남자였다는 이야기가 여기에 해당합니다.

'투영'은 부정적 감정에서도 일어납니다. 특히 사람은 '싫다'라는 부정적인 감정을 품는 것을 무의식적으로 피하는 경향이 있습니다. 그래서 '내가 싫어하는 것이 아니라 상대가

화를 이기는 불편한 심리학

나를 싫어하는 것이다'라고 생각합니다. 그렇기 때문에 '모두가 나를 싫어한다'라는 말은 '내가 모두를 싫어한다'와 같은 말입니다.

'어차피 나 같은 사람을 싫어할 거야', '어차피 좋은 관계를 맺을 수 없을 테니 처음부터 가까이하지 말자'는 태도는 주변 사람들을 불쾌하게 만듭니다.

이른바 '말 걸지 마라'는 아우라를 내뿜는 사람이 있으면 함께 있는 공간의 분위기도 나빠지기 마련입니다. 자신은 방어하고 있을 뿐이라고 생각할지 모르겠지만 상대의 눈에는 공격과 다름없는 모습으로 비쳐집니다.

친해지기가
두려운 이유

'친하게 지내지 마라'는 분노의 근원은 조금 특이한 공격 형태로 나타나는데, 친해지면 회피하는 듯한 행동을 보인다는 것입니다.

고즈에 씨의 어머니는 작년에 넘어져서 다리가 골절된 뒤로 우울한 나날을 보내고 있습니다.

날씨가 흐리거나 비가 오는 날이면 평소보다 통증이 더 심해지고, 걷다 보면 다리가 꼬여서 다시 넘어지기 일쑤라 고즈에 씨도 걱정이 이만저만이 아닙니다. '이참에 집을 내놓고 같이 살지 않겠느냐?'며 어머니의 의향을 물을 정도였습니다.

고즈에 씨는 이웃 도시에서 남편과 함께 살고 있습니다. 역에서도 가깝고, 낮에는 부부가 둘 다 일하러 나가고 없지만 이웃들도 많은 주택가여서 안심할 수 있습니다.

하지만 어머니는 한사코 고개를 가로젓습니다.

"자식한테 신세를 지고 싶지 않아. 사위한테까지 폐를 끼치기 싫구나."

이런 대화도 벌써 몇 번째인지 모릅니다. 그날도 고즈에 씨는 어머니가 거절하는 것이 유감스러웠지만 일단 물러나기로 했습니다.

고즈에 씨는 지난번 헤어질 때 "다리가 아파서 마트도 못 가고 참 곤란하구나"라는 어머니의 푸념을 떠올리고, 이번에는 두고 먹을 음식이랑 쌀을 넉넉히 사서 찾아갔습니다.

어머니는 "아이고, 고맙구나"라며 기뻐하면서도, "이제 앞

화를 이기는 불편한 심리학

으로는 신경 쓰지 마라"고 말하는 것이었습니다. 단순히 인 사치레로 사양하는 말투가 아니라, 마치 폐를 끼치기 싫으니 그만두라는 식이었습니다.

그날도 헤어질 때가 되자 어머니는 "식재료는 받았지만 다 리가 아파서 제대로 해 먹을 수나 있으려나. 에휴"라고 푸념 했습니다.

"그러니까 엄마, 같이 살자고 하잖아. 남편도 대환영이라 니까. 우리 같이 살자, 응?"

"그렇지만 나도 신경 쓰여. 너희는 일하러 나가야 하는데, 나만 돌볼 수는 없잖아."

"엄마도 참! 어쨌든 오늘 저녁은 만들어놓고 갈게."

"안 돼, 아서라. 내 물건을 다른 사람이 만지는 것도 싫구 나. 내가 원래 그렇다는 건 너도 잘 알잖아."

고즈에 씨는 한숨을 내쉬었습니다.

"그럼, 오늘은 이만 가고, 주말에 또 올게."

이렇게 말하고 돌아서려는데, 어머니가 또 한마디 합니다.

"어쩐지 어제보다 다리가 더 아프구나. 내일 아침에 더 아 프면 어쩌나."

고즈에 씨는 어머니가 도대체 어떻게 하고 싶은 건지 몰라

당황스럽습니다.

자식에게 걱정이나 폐를 끼치고 싶지 않은 마음도, 혼자서는 불안한 마음도 모두 본심이겠지만, 그렇다면 정말 바라는 것은 뭔지 알 수 없었습니다.

상대에게 어떤 조언을 하는 상황에서 이렇게 말해도 아니다, 저렇게 말해도 아니라는 식의 반응이 돌아오는 경우가 있습니다. '친하게 지내지 마라'는 분노의 근원은 경우에 따라 이와 비슷한 행동을 나타내기도 합니다.

어머니는 고즈에 씨가 걱정할 만한 말을 했다가, 고즈에 씨가 걱정해서 뭔가를 제안하면 또 그것을 부정하는 언행을 반복합니다.

이렇게 하는 심리적인 목적은 자신의 우월감을 확인하기 위해서 상대가 열등감과 무력감을 느끼도록 하는 것입니다.

어머니가 '자신은 다른 사람과 친해질 리 없다'는 것을 확인하기 위해 일부러 고즈에 씨를 걱정시키고, 딸이 친밀한 언행을 보이는 순간 어머니는 '친해지지 않으려는 언행'을 반복합니다.

고즈에 씨가 허탈감에 빠지거나 화를 내면 어머니가 이기는 것입니다. '그것 봐. 역시 나는 혼자야. 딸에게도 버림받는 고독한 인간이야'라는 것을 확인할 수 있으니까요.

딸의 입장에서는 어떻게 해야 할지 몰라서 당황스럽고, 어머니도 외로움이 깊어지니 좋을 게 없습니다. 어머니는 어린 시절에 어떤 고독한 체험을 했는지도 모릅니다. 거기에서 비롯된 분노의 근원을 깨닫고 벗어나면 행복해질 수 있습니다.

상대 중심의
사고가
분노를 더 키운다

　깊고 느슨한 사이코패스의 분노는 자신이나 타인을 완전히 무너뜨릴 정도로 강력하기 때문에 방파제 역할을 하는, 비교적 약한 공격성을 띠는 '마음의 버릇'의 형태로 표출될 수 있습니다.

　'친하게 지내지 마라'는 분노의 근원도 5가지 마음의 버릇 중 하나를 사용해서 겉으로 드러나는 경우가 있습니다. 특히 '섬세한 유형'으로 나타나는 경우가 많은데, '남의 눈치를 보는 동안에는(남을 기쁘게 해주는 동안에는) 친근한 행동'을 합니다.

　또한 '친하게 지내지 마라'는 분노의 근원이 '완벽주의 유형'과 조합을 이뤄 강하게 나타나는 경우가 많습니다.

내가 사랑하는 만큼, 또는 완벽하면
사랑받을 수 있을까?

섬세한 유형은 상대의 평가에 매우 민감합니다. 항상 '다른 사람을 기쁘게 해줘야 한다'는 강박에 사로잡혀 있기 때문에 대인관계를 맺을 때 에너지를 너무 많이 쏟는 경향이 있습니다.

그렇기에 자신을 정당하게 평가해주지 않는 사람이나 타인을 배려하지 않는 이기적인 사람을 극도로 싫어합니다.

'자신을 제대로 평가해주지 않을 듯한 사람', 즉 무신경해 보이거나 자신의 친절을 대수롭지 않게 여기는 사람에게는 '친하게 지내지 마라'는 분노의 근원에서 비롯된 느슨한 사이코패스로 돌변할 가능성이 높습니다.

어릴 때부터 '똑바로 해라', '왜 제대로 못 하니?' 등 엄격한 훈육을 받고 자란 사람은 완벽주의 유형(102쪽 참고)에 빠지기 쉽습니다. 부모의 말을 따르지 않았을 때 크게 혼났거나 벌받은 경험으로 인해 '완벽해야 상냥하게 대해준다'는 관념이 학습된 사람도 있습니다.

'친하게 지내지 마라'는 분노의 근원이 '완벽하면 친하게 지낼 수 있다'라는 사고로 굳어진 것입니다.

어른이 되어서도 부모에서 다른 사람으로 대상이 바뀔 뿐,

'완벽하면 다른 사람과 친해질 수 있다'라는 생각은 변함없습니다.

외롭지 않으려고, 다른 사람과 친해지려고 완벽함을 추구합니다. 하지만 이러한 완벽주의가 지나치면 압박으로 발전해 자칫 분노로 바뀔 수 있습니다.

부담감이 스트레스로 작용해서 '완벽해지고 싶다'는 마음의 버릇이 뜻대로 이루어지지 않으면, '나는 다른 사람과 친해질 수 없다'며 자포자기하게 됩니다. 그것이 거짓 정의와 합쳐지면 자신이나 타인을 강하게 공격하기도 합니다.

왜냐하면 '나는 다른 사람과 잘 지낼 수 없다', '누구와도 친해질 수 없다'는 생각이 앞서기 때문입니다.

소외감과
우월감,
분노의 두 얼굴

'여기는 내가 있을 곳이 아니다'라고 느끼거나, '어디를 가도 나는 미움받는다'라고 느끼는 사람이 있습니다.

특별히 구체적인 이유도 없이, 혹은 뭔가 이유를 대서 자신이 소속된 곳을 부정하는 경향이 강하다면, '소속되지 마라'는 분노의 근원에 빠져 있을지 모릅니다.

'소속되지 마라'는 분노의 근원에 빠진 사람은 학교와 직장은 물론이고 가정에서도 불편함을 느낍니다.

그럼 '소속될 수 없다'고 느끼는 느슨한 사이코패스는 어떤 공격성을 보일까요?

자신은
'남들과 다르다'는 믿음

'소속되지 마라'는 분노의 근원에 빠진 사람은 일반적으로 부모에게 '나는 남들과 다르다', (다른 아이에 비해)'나를 다루기 힘들다' 등의 말을 듣고 자랐을 가능성이 있습니다.

또한 '집에서 내가 있을 곳이 없다'고 생각했을 가능성도 있습니다. 가장 안전해야 할 집에서 자신이 설 자리가 없고 집이 편안한 곳이 아니라면, 달리 갈 곳이 없는 아이에게는 이만큼 괴로운 일도 없을 것입니다.

별다른 학대를 하지 않았더라도, 예를 들어 부모가 재혼하여 새로운 배우자와 사이에서 자녀가 태어난 경우에는 소외감을 느낄 수 있습니다.

요즘은 그런 가정이 흔하다고 생각할지 모릅니다. 실제로 부모나 주변의 배려가 있든 없든 큰 문제 없이 성장하는 아이들도 많습니다. 반드시 부모나 주위 사람에게 책임이 있는 것은 아니라는 뜻입니다.

실제로 집에서 따돌림을 당한 것은 아니더라도, 아이가 무의식적으로 자신을 '왕따'라고 느끼는 것만으로도 '소속되지 마라'는 분노의 근원에 빠지는 경우가 있습니다.

부모나 가까운 사람이 칭찬하는 방식에 따라서도 '소속되지 마라'는 분노의 근원에 빠질 수 있습니다.

'너는 천재구나! 다른 아이들과는 차원이 달라'라는 식의 칭찬을 듣고 자라면 아이 입장에서는 당연히 기분 좋고 자신감도 생길 것입니다. 하지만 우월감이 지나치다 보면 주변의 아이들과 거리를 두게 됩니다.

물론 이런 칭찬을 들었다고 해서 무조건 '소속되지 마라'는 분노의 근원에 사로잡히는 것은 아닙니다. 게다가 성장 과정에서 주위와 자신을 객관적으로 비교해보고 '내가 그렇게까지 천재라고 할 수 있나?'라며 스스로를 알게 됩니다.

좋든 나쁘든 '나는 다른 사람과 다르다', '아웃사이더이다' 등의 의식에 사로잡힌 채 성장하면, 어른이 되어도 '소속되지 마라'는 분노의 근원에 지배당할 수 있습니다.

나쓰메 소세키를 힘들게 한 소속감의 부재

'소속되지 마라'는 분노의 근원을 다루는 데 있어서, 소설가 나쓰메 소세키의 이야기를 빼놓을 수 없습니다.

이야기는 나쓰메 소세키의 출생으로 거슬러 올라갑니다. 마흔 넘은 나이에 그를 임신한 어머니는 '면목 없는 일'이라며 부끄러워했습니다. 나쓰메 가문은 명문가였지만 몰락 위기에 놓여 있어서 그는 태어나자마자 양자로 입양되었습니다. 하지만 얼마 뒤 파양되어 집으로 돌아왔습니다. 그 후에도 양자로 보내졌다가 파양되기를 반복한 끝에 결국 집에서 키우게 되었습니다.

이런 환경에서 자란 어린 소세키에게 집은 편안한 곳이 아니었을 것입니다.

나쓰메 소세키는 태생적으로 '소속되지 마라'는 분노의 근원에 빠져 있었습니다. 어머니가 자신의 출생을 부끄러워한 것으로 보아 '존재하지 마라'는 의식도 학습되었을 가능성이 높습니다.

다만 이후의 삶을 살펴보면, 특히 '소속되지 마라'(어디에도 소속될 수 없다)에서 비롯되는 강한 분노를 품고 있었던 것으로 보입니다.

나쓰메 소세키는 직장을 전전하다 영어 교사가 된 후 영국 유학길에 올랐고, 귀국해서 대학 강사로 일하다 아사히 신문사의 전속 작가가 되었습니다. 그리고 마지막까지 아사히 신문사에 소속되어 있었습니다.

아사히 신문사에 계속 소속되어 있었던 이유는 주 1회만 출근해도 좋다는 계약을 맺었기 때문입니다. 조직에 완전히 소속되지 않아도 된다는 조건이 나쓰메 소세키의 '소속되지 마라'는 분노의 근원이 드러나지 않도록 막아주는 역할을 했을지도 모릅니다.

그곳에 필요 없는 존재라는 자격지심

나쓰메 소세키는 어딘가에 속하는 순간 공격성을 드러냈습니다. 예를 들어 중학생 때 그의 행동을 보면 소설 《도련님》에서 알 수 있듯이, 교직원에게 모멸적인 별명을 붙이거나 학교를 '재미없는 곳'이라고 여겼습니다.

또 고등학교 시절 교코와 결혼해서 가정을 꾸리자마자 "나는 학자로서 공부해야 하니 너를 돌볼 수 없다"라고 말했습니다. 이것은 의식적인 공격이 아닐지라도 보기에 따라서는 '나(소세키)는 너(교코)에게 속할 수 없다'는 말로 들립니다.

결국 교코는 유산하고 자살 시도를 했습니다.

영국의 유니버시티 칼리지 런던에서 유학할 때도 '수업료를 지불하고 들을 가치가 없다'라며 영문학 수강을 갑자기 그만두었습니다.

이 '가치 없음'이라는 말에는 공격적인 뉘앙스가 담겨 있습니다.

나쓰메 소세키의 '소속되지 않음'과 '소속되지 않는 것에서 비롯된 공격(분노)'은 그의 인생 전반을 꿰뚫는 주제이기도 합니다.

소세키처럼 '소속되지 마라'는 분노의 근원이 타인을 향할 경우에는 '우리 회사에는 바보밖에 없다'와 같은 말을 하는 등 자신이 속한 집단이나 구성원을 헐뜯는 공격성을 보입니다.

반대로 집단에 적응하지 못하는 자신에게 화가 나는 경우도 있습니다. 이런 경우에는 '나는 이곳에서 필요하지 않은 사람이다', '나는 골칫거리다'라며 자신을 비난하고 나쁜 생각을 키워서 등교를 거부하거나 회사를 그만두는 것입니다.

소속감은 싫지만
존재감은
드러내고 싶은 심리

　여러 번 주의를 줘도 교칙을 따르지 않고 화려한 복장으로 등교하는 학생이 있습니다. 누구나 정도의 차이는 있지만 반항심이 생기는 시기는 있기 마련입니다. 하지만 그중에는 '소속되지 마라'는 분노의 근원에 빠진 학생도 있습니다.

　단순히 '속박이 싫어서 퇴학당하려고 일부러 교칙 위반을 하는 것이겠지'라고 생각할지 모르지만 사실은 복잡한 심리가 작용하는 것입니다.

　이런 사람은 '소속되지 마라'는 분노의 근원에 빠져 있지만 한편으로는 소속되고 싶다는 강한 욕구가 뒤에 숨어 있습니다.

'친하게 지내지 마라'는 분노의 근원과 같이 친하게 지내고 싶지만 어차피 친하게 지낼 수 없다는 사실만 확인하는 꼴이 될 수 있습니다.

소속감이 없을수록
더 강한 척한다

패션은 무엇보다 강한 메시지를 줄 수 있습니다. 직장인이라면 청결함, 총명함, 신뢰감을 주는 정장 차림, 행사에 참가한다면 경의를 표하는 의미로 격식에 맞는 차림을 하는 것도 같은 맥락입니다.

반면 온통 피어싱을 한 얼굴이나 빨갛고 파란 머리색, 원색에 독특한 디자인의 옷을 입으면 주변에 위압감을 줍니다. 가만히 있어도 공격적인 메시지를 풍겨 쉽게 다가가기 힘듭니다.

이러한 행동과 관련된 마음의 버릇은 무엇일까요?

이것은 '강한 척하는 유형'에 해당하는 마음의 버릇입니다. '소속되지 마라'는 분노의 근원과 조합되면 '강하면 소속되어도 좋다'고 생각하게 됩니다.

아이들은 '내가 있을 곳이 없다'고 느끼면 옷차림이 화려해 질 수 있습니다. 교사나 주위 학생들에 대한 불신감으로 '자신의 자리를 유지(소속)'하기 위해 일부러 강한 척하는 것입니다.

학생 신분에는 어울리지 않을 정도로 화려하거나 교칙을 어기는 옷차림은 주위에 대한 무언의 공격이나 마찬가지입니다.

아무리 교사가 주의를 줘도 잘 고쳐지지 않습니다. 강하지 않으면 여기에 남아 있을 수 없다고 느끼기 때문입니다. 그래서 본인도 고통스러울 정도로 화려한 복장을 필사적으로 유지하는 것입니다.

그런 아이에게 교사가 선도한다며 복장을 규제하면 어떻게 될까요?

'강해지고 싶다'는 마음의 버릇이 파탄 나면서 '소속되지 마라'는 분노의 근원이 표출되고 맙니다.

'학교도 내가 있을 곳이 아니다', '나는 어디에도 소속될 수 없다'라는 자포자기의 마음을 품은 느슨한 사이코패스로 돌변하여 스스로 학교를 그만두겠다고 하거나, 실제로 퇴학을 당하는 상황을 만듭니다.

'자신은 나쁘지 않고 부모가 나쁘다'라는 거짓 정의가 생기면 부모나 교사, 다른 학생에게 공격을 가할 가능성도 있습니다.

"사이코패스는 타인을 조종하려는 경향이 있으므로,
자신의 입장을 단호히 지키는 것이 중요하다.
이들은 타인의 약점을 이용하려 들기 때문에, 요구나
부탁을 받았을 때 단호하게 거절하는 태도가 필요하다."

심리학자, 해리엇 B. 브레이커

제5장

왜 사랑과
배려가
분노로
변하는가?

어린 시절
자신의 방에서
떠나지 못하는 사람

지금까지 자신과 타인의 생명과 인생을 위협하고 인간관계를 깨뜨리는 심각한 분노의 근원에 대해 알아보았습니다. 세상을 떠들썩하게 만든 큰 사건의 원인은 대부분 지금까지 소개한 '분노의 근원'으로 설명할 수 있습니다.

이번에는 심각성은 조금 떨어지지만 12가지 분노의 근원 중에 '느슨한 사이코패스'와 특히 관련 있는 것들을 구체적으로 알아봅니다.

'어린이 방
아저씨(아주머니)'의 분노

첫 번째로 소개할 것은 '성장하지 마라'는 분노의 근원입니다. 이것은 사회문제로 대두되고 있는 청년 실업이나, 일본 드라마에서 그리기도 했던 '어린이 방 아저씨(아주머니)'와 관련된 것입니다. 어린이 방 아저씨(아주머니)란, 성인이 된 후에도 부모의 품을 떠나지 못하고 어린 시절 자신의 방에서 계속 사는 사람을 뜻하는 신조어입니다.

'나이를 먹고도 부모에게 의존하다니 한심하다', '부모 곁을 떠나 자립해야 한다'며 자녀를 비판하는 사람들이 대부분이지만, 사실은 부모가 자녀를 놓아주고 싶지 않다는 메시지를 어릴 때부터 보낸 것이 원인일지도 모릅니다.

많은 부모는 자녀가 '자립하기를 바라는 마음'과 '언제까지나 곁에 있기를 바라는 마음' 모두를 지니고 있습니다. 그 자체는 나쁜 것이 아닙니다.

다만 '부모님이 나를 의지하고 있다', '언제까지나 아이로 있어주었으면 한다'라는 강한 메시지를 받으면서 자란 사람은, 부모에게서 독립해 자기 세계를 구축하는 일이 어렵기도 합니다.

이것이 부모에 대한 의존에서 벗어날 때 나타나는 '성장하지 마라'는 분노의 근원입니다.

이 분노에 빠지면 주위 사람들이 부모로부터 자립하라고 아무리 압박해도 별로 효과가 없습니다. 왜냐하면 부모에게 의존하지 못하면 화가 나기 때문입니다.

부모가 건강함에도 불구하고 '아버지와 어머니를 돌봐야 한다'와 같은 말을 하는 아이는 '성장하지 마라'는 분노의 근원에 매몰되어 있을 가능성이 큽니다.

부모와 함께 사는 것 자체를 공격이라고 할 수는 없습니다. 다만 일할 수 있는데도 일하려 들지 않고 부모의 수입이나 연금에 의존한다면 부모로서는 곤혹스럽습니다. 수입이라고는 연금밖에 없어서 본인들도 풍족하게 살 수 없는데, 성인이 된 자녀까지 돌봐야 한다면 큰 부담이 아닐 수 없습니다.

성인이 되어 밥벌이를 할 수 있는 자녀가 그런 상태라면, 입 밖으로 내뱉지는 않았을지 몰라도 평소에 '자식이 늘 옆에 있으면 좋겠다', '평생 함께 살면 좋겠다'와 같은 말을 하거나 그런 행동을 보이지 않았는지 냉정하게 생각해보기 바랍니다.

서로가 서로를
놓지 못하는 부모와 자녀

'성장하지 마라'는 분노의 근원이 다른 패턴으로 나타나는 경우는, 여러 가지 문제를 일으키고 반복적으로 부모에게 읍소하는 언행입니다.

예를 들어 학교에서 문제를 일으키거나, 독립했지만 집세나 공과금을 체납하고, 감당할 수 없는 돈을 빌려서 결국 부모에게 폐를 끼치는 경우입니다. 자기 스스로 해결할 수 없는 문제를 일으키고 부모에게 뒤치다꺼리를 시키는 형국입니다.

이러한 유형의 공격 형태는, '책임을 지지 않는 자신'과 '책임을 지는 부모'의 구도를 만듭니다. 무의식적이라고는 해도 느슨한 사이코패스 성향을 보이는 공격이 틀림없습니다.

부모도 자신들의 생활이 있기 때문에, 경우에 따라서는 목숨을 위협받는 공격으로 느낄지 모릅니다. 견디다 못해 부모 자식 간의 연을 끊는 일도 드물지 않게 일어납니다.

'성장하지 마라'는 분노의 근원이 내세우는 거짓 정의는 '부모가 아이를 돌보는 것이 당연하다'는 것입니다. 심하면 '나는 노는 사람, 부모(혹은 그에 가까운 사람)는 책임지는 사람'이라는 구도를 만듭니다. 그래서 부모에게 의존하는 것에 아무런 죄책감이나 주저함이 없습니다.

예전에 비해 부모로부터 자립하지 못하는 사람이 늘고 있습니다. 핵가족화가 진행되면서 자녀와 멀어지면 노후를 혼자 보내야 한다는 두려움으로 자녀를 자립시키지 않고 굳이 함께 사는 부모들이 있습니다.

물론 성인이 된 자녀가 부모와 한집에 살아도 평화로운 가정이 대부분일 것입니다. 그렇지만 혹시라도 알지 못하는 사이에 깊고 느슨한 사이코패스로 돌변한 자녀의 공격을 받고 있지 않은지 조금은 생각해봅시다.

화를 이기는 불편한 심리학

강요는
상대의 생각을
차단하는 행위

　남편에게 집안일이나 자녀 교육에 대해 이야기하려고 하면 '힘들게 일하고 왔는데 집안일로 괴롭히지 마라', '당신에게 맡기겠다', '수선 떨지 마라'며 말을 꺼내지도 못하게 해서 아내가 스트레스를 받는다는 이야기를 자주 듣습니다.

　남편이 함께 이야기하고 고민해주기를 바라는데, 격한 거부 반응을 보여 대화를 포기해버립니다.

　이런 남자는 어릴 때 '자잘한 일은 굳이 생각하지 않고 대범하게 넘기는 것이 좋다'는 분위기에서 성장했을지 모릅니다. 결혼하기 전에는 결단력 있고 사소한 일에 얽매이지 않는 호쾌함이 멋져 보이기도 합니다. 하지만 정작 가정을 꾸리고 보면 오히려 나쁜 쪽으로 작용하는 것이 부부의 세계에서 흔한 일입니다.

심리학자 이언 스튜어트(Ian Stewart)와 밴 조인스(Vann Joines)는 '생각하지 마라'는 분노의 근원이 변형된 것이 '네가 생각할 생각을 마라. 내 생각을 생각해라'라는 무의식적인 사고라고 합니다.

'내가 무슨 생각을 하는지 일일이 묻지 마라. 네가 스스로 읽어내야 한다'라는 무의식이 작용한다는 것입니다.

'생각하지 마라'는 분노의 근원을 지닌 사람은 그 부모도 같은 상황에 빠져 있을지도 모릅니다. 부모가 생각하기 싫어서, 가령 아이가 질문이나 고민 상담을 하면 귀찮아하거나, 말대꾸를 못 하게 하고 억지로 부모의 말에 따르도록 강요했을 가능성이 높습니다. 즉, '어린 녀석이 건방지다', '어른들 말씀하시는데 끼어들지 마라' 등의 말을 듣고 자랐을 수 있습니다.

부모의 그런 태도는 '생각하면 안 된다', '생각하기보다는 감정적으로 일을 처리하는 편이 좋다'는 식의 학습을 부추깁니다.

'생각하지 마라'는 분노의 근원에 빠진 사람은 스스로 생각해서 행동했다가는 부모님에게 외면당할까 봐 두려워하는 마음이 무의식적으로 나타납니다. 그래서 생각하려고 하면 왠지 불안하고 갈등이 생기는 것입니다.

하지 말라고 하면 더 하게 되는 심리

'생각하지 마라'는 분노의 근원은 특정한 화제에 대해서만 생각하지 못하게 된다는 특징이 있습니다. 특히 '금전적인 화제'와 '성적인 화제'에 대해서 두드러집니다.

금전에 관해서 말하면, '어린 녀석이 돈, 돈 하지 마라', '돈을 밝히는 것은 나쁜 일이다' 등의 말을 듣고 자라면 돈 이야기를 꺼내는 것은 나쁜 일이라는 인식이 박히게 됩니다.

가정에서 성적인 이야기를 금기시하는 경우에는 텔레비전 프로그램에서 애정 신이 나오면 채널을 돌려버리거나, 그러한 이야기를 화제로 올리면 불쾌해할 수 있습니다.

성에 대해 '생각하지 마라'는 인식에 빠지면, 상대에게 호감이 생겨도 성관계를 생각하면 머리가 하얘지고 더 이상 깊은 관계로 나아가지 못합니다. 연인 관계로 발전하는 것이 왠지 두려워서 연애 자체를 기피하기도 합니다.

더 큰 문제는 '생각하지 마라'는 분노의 근원에 빠져 있으면서도 돈이나 성적인 부분을 건드려서 파멸에 이르는 것입니다.

'성적인 생각을 할 수 없는데'도 여러 사람과 문란한 성관계를 맺다가 문제를 일으키고, '돈 생각을 할 수 없는데'도 빚을 내면서까지 돈을 펑펑 써서 파산을 합니다.

생각을 포기하는 것도
분노의 형태

'생각하지 마라'는 분노의 근원에 빠진 사람은 생각을 강요당하는 상황에 놓이면 분노가 치밀어 오를 수 있습니다.

생각하면 안 된다는 스트레스를 안고 살기 때문에 감정적으로 일을 처리해서 매번 화를 내거나 과격한 모습을 드러내 갑질을 한다는 인상을 줍니다.

한편으로는 생각하는 것을 포기하는 태도를 취하기도 합니다. 시험 시간에 문제지를 받자마자 엎드려 자는 학생을 예로 들 수 있습니다. 나중에 이야기를 들어보면 시험 공부

화를 이기는 불편한 심리학

를 할 시간이 없었던 것이 아닙니다. 생각하고 문제를 푸는 행위를 거부하려는 무의식이 작용해서 졸음이 몰려온 것입니다.

'할 수 있는데도 생각하지 않는다'면 학교 공부나 회사 일은 물론이고 인간관계까지 망칠 수 있으므로 주의해야 합니다.

감정을
억누를수록
더 커지는 일탈

'느끼지 마라'는 분노의 근원에 빠진 사람은 일반적으로 자연스러운 감정 표현이 서툽니다. 보통은 드러내야 마땅한 감정이지만 표출하지 못하고 대신에 불안이나 공포, 증오, 외로움으로 채웁니다.

화가 나면
눈물이 나는 이유

화를 내야 하는 상황인데도 어쩐지 눈물이 나는 사람이 있습니다. 특히 여성에게서 많이 나타나는 현상입니다.

억울한 일을 당하거나 무례한 말을 듣고 따지려는데 눈물이 주르르 흘러내려 말을 잇지 못합니다. 게다가 '울면 해결될 것 같아?'라는 말이라도 들으면 더 분노가 치미는데도 계속 눈물이 멈추지 않습니다.

이처럼 본인은 그러고 싶지 않은데도 화를 내야 하는 상황에서 눈물부터 보이는 사람이 있습니다. 이런 사람은 '느끼지 마라'는 분노의 근원에 빠져 있을 가능성이 큽니다.

'느끼지 마라'고 하면 말 그대로 감정의 결핍도 있지만, 치솟는 감정을 다른 감정으로 대체하는 경우도 있습니다.

여자아이는 얌전히 말을 잘 따르고 상냥해야 한다는 사회적 통념이 지금도 남아 있습니다. 그래서 많은 여성들이 어릴 때 화를 내거나 소리를 지르다가 혼난 경험이 있을 것입니다. 이런 사람은 '분노의 감정을 가져서는 안 된다'는 생각이 무의식적으로 각인되어 있을지 모릅니다.

'여자는 역시 애교야'라며 웃는 얼굴이 환영받아 왔기 때문에 화가 나는 상황에서도 억지로 웃어 넘기는 사람도 있습니다.

반대로 남자아이는 '울지 마라', '강해야 한다' 등의 강요를 받아왔기 때문에 슬픈 감정을 표현하는 데 서툴 수 있습니다. 남자아이에게는 분노가 '남자다움'으로 인식되어 비교적 환영을 받았기 때문에 슬픈 일을 겪었을 때 오히려 화를 내는 경우가 많습니다.

어쨌든 자연스럽게 드러나는 감정을 부정당하거나, 혹은 부정당했다고 느낀 경험으로 인해, 화가 나면 화를 내고 슬프면 운다는 올바른 감정 표현이 거세되어 버린 것입니다.

그 밖에도 어렸을 때 '배고프다고 말하는 것은 볼썽사납다'와 같이 '배고픔'을 참으라는 강요를 받은 사람은 성장한 뒤에 거식증과 같은 섭식장애를 일으킬 수 있습니다(물론 섭식장애의 원인은 이뿐만이 아닙니다).

자신의 감정을 제대로 발산하지 못하면 억압된 감정으로 인해 심신증, 자율신경실조증, 강박성 장애 등 정신적인 문제를 일으킬 수 있습니다.

왜냐하면 드러내야 할 감정을 표출하지 못해서 생긴 응어리를 자신에 대한 공격으로 전가시키기 때문입니다.

감정을 조장하는
가스라이팅

'느끼지 마라'는 분노의 근원도 어린 시절의 경험에서 학습되는 경우가 많지만 성장하고 나서 익히는 사람도 있습니다.

특히 가정폭력 피해자에게 흔히 볼 수 있는데, 가정폭력 가해자는 폭력을 휘두른 뒤에 전혀 다른 사람처럼 울면서 사과하거나 상냥한 모습을 보이기도 합니다.

거듭된 공격과 애정 표현의 반복으로 감정 기복을 종잡을 수 없기 때문에 피해자는 '그냥 느끼지 말고 당하기만 하자'라며 자포자기하게 됩니다. 주변 사람들이 아무리 '그런 사람과는 헤어져라'고 다그쳐도 그러지 못하는 이유는 이미 감정이 마비되어 아무 생각도 할 수 없기 때문입니다.

이는 납치 피해자들이 범인을 친근하게 생각하며 오히려 변호하는 스톡홀름 증후군과 상통하는 부분입니다.

이야기가 조금 빗나갔지만, 가정폭력 가해자는 스플리팅(분열, 122쪽 참고) 증상을 보이는 경우가 많습니다. 상대를 공격(탈이상화)했다는 생각이 들면 위로하거나 치켜세우는 행위(이상화)를 합니다. 즉, 가해자는 '존재하지 마라'는 분노의 근원을 지니고 있을 가능성이 큽니다.

다자이 오사무의
감정 결핍

일본의 유명한 소설가 다자이 오사무와 동반 자살한 야마자키 도미에라는 여성이 있습니다. 도미에는 평소 일기 쓰는 습관이 있어서, 다자이와 교제할 때부터 동반 자살을 할 때까지 상황을 상세하게 기록했습니다.

다자이는 바쁜 아버지와 병약한 어머니에게서 충분한 애정을 받지 못했고, 양육자가 몇 번 바뀌면서 외로운 어린 시절을 보냈습니다. 어린 시절의 경험과 자살로 생을 마감한 것을 보면 '존재하지 마라'는 분노의 근원에 빠져 있었을 것입니다.

미용사로 일하던 도미에는 외국어에 능통해서 외국을 오가는 여객선에 미용실을 차리고 싶은 꿈이 있었습니다.

사랑하는 오빠를 병으로 잃은 그녀는 오빠의 학창 시절 모습을 듣고 싶은 마음에 오빠와 같은 고등학교 출신인 다자이와 교류하다가 연인 관계가 되었습니다.

동반 자살을 했을 당시에는 다자이를 죽음으로 내몬 악녀로 여겨졌지만, 여러 연구를 통해 아주 성실한 여성이었으며, 당시 결핵을 앓고 있던 다자이의 몸과 마음을 지탱해주었다고 합니다. 하지만 일기를 보면 아내가 있는 다자이와 결혼할 수도 없고, 또 다른 내연 관계였던 오타 시즈코의 생활비를 다자이가 대신 내주는 모습을 지켜보면서 점점 마음의 상처가 커졌다고 합니다. 미용실 개업 비용으로 모은 돈을 다자이를 위해 써버리기도 했습니다.

일기로 미루어 짐작해보면, 다자이에 대한 애증(사랑하는 마음과 미워하는 마음)의 격렬한 괴리로 '느끼지 마라'는 분노의 근원에 빠진 것으로 보입니다.

그녀의 글을 보면 다자이에게 화가 치민 상황에서도 미운 감정이 들지 않았고, 동반 자살하기 전에 쓴 유서에도 아무런 공포의 감정을 느낄 수 없습니다.

감정의 브레이크가
잘 듣지 않는다

'느끼지 마라'는 분노의 근원에 빠진 사람은 진짜 사이코패스처럼 공감력이 현저히 낮을 수 있습니다.

느끼는 힘이 둔하기 때문에 '그런 일을 당하면 슬플 것이다', '불쌍하다' 등과 같은 이성적 브레이크가 제대로 작동하지 않습니다.

상대에 대한 공감 외에도 '이런 일을 하는 자신이 부끄럽다'와 같은 수치심이나 자제심, '혼날지도 모른다', '상대가 죽을지도 모른다'와 같은 공포심도 느끼기 힘듭니다.

바로 이런 점이 '느끼지 마라'는 분노의 근원에 빠진 깊고 느슨한 사이코패스가 무서운 이유입니다. 자신의 아픔이나 타인의 아픔에도 둔감해서 자칫 잔혹한 짓을 저지를 수 있습니다.

그래서 가정폭력과 같은 일을 당하면 '일단 회피'하는 것이 중요합니다. 그런 사람에게 한번 깊이 빠지면 좀처럼 벗어나기 쉽지 않습니다.

—

공격하는 상대로부터 나를 지키는 6가지

1. 나에게 안전한 공간으로 들어오지 못하도록 선을 긋는다.
2. 상대의 감정에 휘둘리지 않도록 심리적 거리를 유지한다.
3. 명확하고 단호하게 의사 표현을 한다.
4. 마음의 안정을 위해 나만의 스트레스 해소 방법을 찾는다.
5. 모든 대화나 사건을 기록해둔다.
6. 전문가의 조언에 따라 대응한다.

—

"사이코패스는 상대의 강점과 약점을 파악해서
이용하려고 한다. 그들과 상호작용을 할 때는
자신의 안전을 최우선으로 생각하고,
주의 깊게 관찰하는 것이 중요하다."

심리치료사, 로버트 해리스

제6장

나를
지키는
대반격의
드라마

느슨한 사이코패스의
공격에서
탈출하기

공격의 불은 한번 타오르기 시작하면 끄기 어렵습니다. 피해자가 일단 자포자기에 빠지면 샌드백과 같은 상태가 되어 최악의 결말을 맞이할 수도 있습니다. 그렇기 때문에 초기 진화가 매우 중요합니다.

동조 압력이나 거짓 정의로 상대를 괴롭히고도 '괴롭힘을 당하는 쪽에도 책임이 있다'는 식으로 말하는 사람도 있습니다. 하지만 괴롭히는 사람에게 100% 잘못이 있습니다.

다만 괴롭힘을 당하기 쉬운 유형은 존재합니다. 거절의 의사를 명확하게 표현하지 못하는 사람이나 주변에 도와줄 사람이 없는 경우에 괴롭힘의 대상이 될 가능성이 높습니다.

화를 이기는 불편한 심리학

애초에 공격의 대상이
되지 않아야 한다

그렇다면 어떤 사람이 피해자가 되기 쉬울까요? 또 공격이 지속되거나 격해지기 쉬운 사람은 어떤 사람일까요?

괴롭힘이나 갑질은 '피해자의 위치에 자리 잡는 것'에서 시작되며, '피해자의 위치에 머무는 것'으로 확대됩니다. 피해자가 되고 싶지 않다면 애초에 공격 대상이 되지 않아야 하고, 어쩔 수 없이 공격을 받게 되더라도 재빨리 빠져나가는 것이 중요합니다.

하지만 그게 쉬운 일이라면 고생할 일도 없고, 괴롭힘이 사회문제로 발전하지도 않을 것입니다. 누구나 잘 알고 있는 사실인데도, 왜 느슨한 사이코패스의 공격에서 벗어날 수 없는 걸까요?

얕고 느슨한 사이코패스는 '안심하고 공격할 수 있는 대상'을 찾을 때 냉정한 눈으로 주변을 살핍니다. 치한이나 성희롱 등의 가해자도 약해 보이거나 자기편이 없어 보이는 사람을 노립니다.

반대로 '자기 의사를 분명히 말할 것 같은 사람'은 쉽게 공격하지 않고, 무서운 사람이나 강한 사람, 지위가 높은 사람이 보살펴주는 사람도 공격 대상으로 삼기 어렵습니다.

얕고 느슨한 사이코패스는 깊고 느슨한 사이코패스나 진짜 사이코패스와 달리 공포심을 느끼기 때문에 반격을 두려워합니다.

'누구든 상관없다'는 식으로 호기롭게 말하지만 사실은 비겁한 계산을 하고 벌이는 짓입니다. 직장 상사의 딸을 성희롱하거나 격투기 선수에게 시비를 거는 사람은 없습니다.

'마음의 버릇'이
피해자의 위치에 가둔다

당해보지 않은 사람은 '잠자코 있지 말고 반격하면 된다', '도망가는 것이 이기는 것이다'라는 식으로 쉽게 말할지도 모릅니다. 하지만 그것이 어렵기 때문에 괴롭힘이나 갑질이 사회적인 문제로 대두되는 것입니다.

피해자의 위치에 갇히는 큰 이유 중 하나는 '마음의 버릇'과 관련이 있습니다.

지금까지는 마음의 버릇으로 인해 가해자가 될 가능성에 대해 주로 이야기해왔지만, 이제부터는 마음의 버릇으로 인

화를 이기는 불편한 심리학

해 피해자에게서 벗어날 수 없는 구조에 대해 말씀드리겠습니다.

'섬세한 유형'이 공격의 대상이 되기 쉬운 이유는 남의 눈치를 보느라 가해자조차 배려하는 마음이 앞서기 때문입니다. 좀처럼 거부 의사를 밝힐 수 없는 것이죠.

그런데 '나는 섬세한 유형이 아니니까 괜찮다'라고 단언할 수는 없습니다. 다른 마음의 버릇도 괴롭힘에서 벗어나지 못하게 자신의 발목을 잡을 수 있습니다.

'왠지 짜증 나는데, 어디 아무나 걸려라', '저 녀석만 잘되니 배가 아프네. 시비라도 걸어볼까?' 등과 같이 어두운 욕망을 발산하고 싶어도 법치국가에서 기분 내키는 대로 행동할 수는 없습니다.

여기서 나오는 것이 가짜 정의로 내세우는 대의명분입니다. 일하는 태도나 사소한 규칙 위반을 빌미 삼아 비판받아 마땅한 일을 하고 있다고 꾸밉니다. 가짜 정의의 가면을 쓰고 상대를 그럴싸하게 비판하는 것입니다.

그러고는 '오호, 괴롭힐 맛이 나네. 아, 후련해', '사과받는 데 성공했어'라며 흡족해합니다.

이처럼 본심과 다른 겉모습을 이용한 커뮤니케이션을 '가면 교류'라고 합니다. 최근에는 인터넷 뉴스의 댓글창이나 SNS에서도 거짓 정의를 내세워 자기가 싫어하는 유명인을 비난하는 사람들을 자주 볼 수 있습니다.

하지만 사람들은 가면 교류 뒤에 숨겨진 속마음을 알아차립니다. '이 사람은 대수롭지도 않은 일을 가지고 꼬투리를 잡네. 사실은 자기 스트레스를 풀려고 그러는 거 아냐?'와 같은 식으로 반격하면 상대는 정곡을 찔렸다는 생각에 조용해질 것입니다.

그런데 여기서 마음의 버릇이 방해합니다. '아니야. 잠깐 기다려봐. 나한테도 잘못이 있을지 몰라'라는 생각이 들면서 아무 말도 못 하거나 잘못을 인정하고 사과해버립니다.

예를 들어 '노력가 유형'이라면 매출이 떨어진다는 질책에 머리로는 '매년 떨어지는 시기잖아'라고 생각하지만, 한편으로는 '내 노력이 부족했는지 몰라'라고 무심코 반성합니다.

길이 막혀서 지각했다가 혼난 경우에는 '성급한 유형'이라면 '좀 더 일찍 집을 나섰어야 했다'고 생각할 수 있습니다. '완벽주의 유형'의 경우 '버스 시간을 착각한 건 아닐까? 다른 교통수단이 있었을 텐데'라며 자신을 비난할지 모릅니다.

'강한 척하는 유형'이라면 불합리하다는 것을 알면서도 아

화를 이기는 불편한 심리학

무 말 없이 침묵으로 항의하면 '무슨 말이든 해봐!'라는 2차 괴롭힘으로 이어지는 빌미를 제공할지도 모릅니다.

어떤 연구자에 따르면, 괴롭힘이나 갑질을 2가지 유형으로 나눌 수 있다고 합니다. 폭력과 폭언 등으로 상대를 배제하는 '배제형'과 친구 관계의 소원함을 들먹이면서 상대를 괴롭혀 스트레스를 푸는 '사육형'입니다. 최근에는 SNS의 발달로 '사육형'이 주류라고 합니다. 마음의 버릇을 이용해 상대를 빠져나오지 못하게 해서 계속 공격하려는 것입니다.

마음의 버릇에 얽매인 사람은 공격하는 사람이 원하는 대로 따르기 때문에 아주 좋은 먹잇감이 됩니다.

그렇기 때문에 마음의 버릇에 얽매이지 말고 '나는 공격당하고 있다', '나는 피해자다'라고 명확하게 인식하는 것이 중요합니다.

자신이 피해자라는 것을
인식하지 못하는 사람

괴롭힘이나 갑질에서 벗어나려면 먼저 자신이 피해를 입고 있다는 것을 인식해야 합니다. 그렇지 않으면 반격할 수 없고, 피해를 호소할 수도 없으며, 결과적으로 피해자에게서 벗어날 수 없습니다.

우선은 마음이 먼저이고 다음으로 몸이 피해자의 위치에서 벗어나는 것이 순서입니다.

'마음의 버릇' 이외에도, 괴롭힘이나 갑질을 인식하지 못하고 '이건 괴롭힘이 아니라 장난이다'라고 생각하는 경우도 있습니다.

무엇보다 자신의 기분을 최우선으로 생각하는 것이 중요합니다. '싫다'는 느낌이 들면 그 마음을 외면하지 말아야 합니다.

'그건 잘못된 짓이야. 몹시 불쾌하니 그만둬'라고 따지는 것만으로도 상대의 공격을 멈출 수 있습니다. 요즘은 괴롭힘이나 갑질, 성희롱이 사회적으로 용인되지 않는다는 인식이 널리 퍼져 있습니다. 진짜 사이코패스가 아닌 한 위험을 무릅쓰면서까지 괴롭힘이나 갑질을 계속하고 싶은 사람은 없을 것입니다.

다만 그 정도의 대응으로 해결할 수 있는 수준은 상대가 얕고 느슨한 사이코패스인 경우입니다.

상대가 깊고 느슨한 사이코패스라면 전혀 효과가 없을 뿐만 아니라 공격이 더욱 심해질 가능성도 있습니다. 심지어 피해자가 빠져나오지 못하도록 심리적으로 덫을 놓을 수도 있습니다.

샌드백처럼 계속 공격받고 있다면 '사육당하고 있는 상태'로 봐도 무방할 것입니다. 사육당하는 상태에 놓이면 상대는 더욱 무자비한 공격을 퍼붓는 느슨한 사이코패스로 발전해 피해자의 인격을 깡그리 무시합니다.

피해자가 자살을 생각하는 상황까지 내몰리는 사례를 보면, 정말로 인격을 묵살당한 샌드백처럼 '사육당했다'고 표현해도 과언이 아닙니다.

그렇게 되지 않는 것이 가장 중요하지만, 그런 상황에 놓였을 때는 어떻게 빠져나가야 할지 이제부터 살펴보겠습니다.

'드라마
삼각형'의
심리 게임

무술에는 합기도처럼 상대의 힘을 자신의 공격에 이용하는 기술이 있습니다. 상대의 힘이 강할수록 반격하는 힘도 커지므로 최소의 힘으로 상대를 물리칠 수 있습니다.

괴롭힘이나 갑질 등 마음의 공격에도 비슷한 방법이 있습니다. 그것은 '드라마 삼각형(drama triangle)'을 사용하는 것으로, 약 50년 전 미국의 심리학자 스티븐 카프먼(Stephen Karpman)이 제창한 법칙입니다.

심리 게임의 대표적인 이론인 드라마 삼각형은 특정인에게 괴롭힘이나 폭언 등의 공격을 당했을 때, '공격하는 자', '공격당하는 자', '공격당하는 자를 돕는 제3자'로 나누어 생각합니다.

예를 들어 학교에서 어떤 학생이 괴롭힘을 당하고 있는 경우라면, '괴롭히는 학생', '괴롭힘을 당하는 학생', '괴롭힘을 당하는 학생을 돕는 보호자나 교사 등 제3자'로 역할을 나눌 수 있습니다.

괴롭히는 학생의 친구가 괴롭힘을 부추기면 그 학생도 마찬가지로 '괴롭히는 학생'의 역할입니다. 괴롭힘을 당하는 학생의 친구에게까지 괴롭힘이 번진다면 그 친구도 역시 '괴롭힘을 당하는 학생'의 역할이라고 구분할 수 있습니다.

카프먼은 공격하는 자를 '박해자', 공격당하는 자를 '희생자', 공격당하는 자를 돕는 자를 '구원자'로 명명합니다.

구원자는 실제로 희생자를 적극적으로 도와주는 사람뿐만 아니라, 사실상 구원자의 입장이기는 하지만 실질적으로 구원하지 않는 사람도 포함됩니다. 예를 들어 괴롭힘을 당하는 학생이 도움을 요청하는데도 아무런 역할을 하지 않는 교사들이 있습니다. 하지만 그 교사도 일단은 구원자에 포함해야 합니다.

카프먼의 '드라마 삼각형'

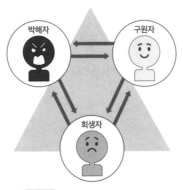

박해자 공격하는 자
희생자 공격당하는 자
구원자 공격당하는 자를 돕는 자

박해자, 희생자, 구원자의 위치는
단기간에 쉽게 바꿀 수 있다.

　피해자를 돕고 있기는 하나 본질적인 구원으로 이어지지
않는 경우도 있습니다. 괴롭힘을 당하는 학생을 상담해주기
는 하지만 괴롭히는 학생을 적극적으로 제재하지 않는 교사
가 여기에 해당합니다.

　'드라마 삼각형'의 핵심은 박해자, 희생자, 구원자의 위치
가 쉽게 바뀐다는 것입니다.

　구원자였던 교사가 박해자로 바뀌거나 희생자인 괴롭힘을

당하는 학생이 구원자로 돌아갈 수 있습니다. 박해자인 괴롭히는 학생이 괴롭힘을 당하는 희생자의 처지가 될 수 있다는 것입니다.

그럼 위치를 바꾸려면 어떻게 해야 할까요?

샌드백의 반격이 시작되다

가장 중요한 것은 '드라마 삼각형'의 박해자와 희생자의 위치가 고정되기 전에 삼각형의 자리를 옮기는 것입니다.

희생자의 위치에 고정되어 버리면 거기에서 벗어나야 한다는 생각조차 하지 못하게 됩니다. 그래서 가능한 신속하게 행동하는 것이 중요합니다.

또한 '반격'의 의사를 굳히기 전에 '나는 희생자가 되지 않겠다'라고 굳게 결심하는 것도 중요합니다. 사육당해서 샌드백이 되어서는 안 됩니다.

상대가 적절한 샌드백이라고 인식하면 괴롭힘의 불길은 점점 더 타올라 최악의 사태를 초래할 수도 있습니다. '죽음 충동'(36쪽 참고)이 작용하여 상대를 '무기질로 만들고 싶고, 의미 없는 존재로 만들려는 욕구'가 강해지기 때문입니다.

희생자의 위치를 바꾸기 위해 가장 먼저 무엇을 해야 할까요?

그것은 새로운 희생자를 만들고 자신은 구원자의 위치로 이동하는 것입니다. 희생자의 위치에 누군가를 앉히면 자신은 희생자에서 벗어날 수 있습니다.

박해자가 다른 사람을 괴롭히도록 유도하라는 것이 아닙니다. 여기서 희생자는 어디까지나 '상상 속의 희생자'입니다.

희생자의 위치에 놓이게 되면 우선 마음속에 가상의 다른 희생자를 만들고 당신은 재빨리 구원자의 위치로 돌아가야 합니다.

새로운 희생자는 박해자의 이익이나 손실과 관계없는 인물이 바람직합니다. 자신이 깊이 생각할 수 있는 사람이 이상적입니다.

평소에 여러분을 걱정해주는 가족, 예를 들어 부모나 배우자, 자녀 등입니다. 괴롭힘의 현장과는 관계없는 친구도 좋습니다.

'내가 괴롭힘을 당하면 아내(남편)가 너무 슬퍼한다'라든가 '어머니가 내 걱정을 하느라 건강이 나빠졌다' 등 자신에 대한 공격이 간접적으로 새로운 희생자에 대한 공격으로 이어진다는 인식을 가지는 것이 중요합니다.

이를 통해 '아내(남편)를 지켜야 한다', '엄마가 건강해지려면 괴롭힘을 막아야 한다'고 생각함으로써, 자신이 희생자의 위치에서 벗어나는 계기를 마련할 수 있습니다.

나 혼자만의 문제가
아니라는 인식

당신이 괴롭힘에 시달리다 못 견디고 자살이라도 한다면, 당신의 가족이나 소중한 사람은 정말로 건강을 잃을지도 모릅니다. 평생 당신에 대한 미안한 마음에 사로잡혀 불행한 삶을 살아갈 것입니다. 내가 괴롭힘을 당하면 나를 소중하게 여기는 사람들도 고통받는다고 생각해봅니다. 소중한 사람들을 지키겠다는 강한 일념이 자신을 희생자에서 구원자의 위치로 이동시키는 데 도움이 될 수 있습니다.

이처럼 '누군가를 돕기 위해서라도 자신은 괴롭힘이나 갑질을 당하고 있을 수 없다'라고 생각하는 것이 강력한 동기부여가 됩니다.

희생자의 위치에서 벗어나려면 상당한 에너지가 필요합니다. 소중한 사람을 돕겠다는 일념이 힘을 실어줄 것입니다.

피해자의 위치에서 벗어나기 위한 핵심을 정리하면 다음과 같습니다.

① 상상 속의 '새로운 희생자'를 만든다. 새로운 희생자는 박해자와 관련 없는 사람이 좋다. 자신과 가까운 사람을 새로운 희생자로 만들면 자신이 희생자의 자리에서 벗어날 수 있는 큰 에너지가 생긴다. 반격하겠다고 결정하기 전에 먼저 희생자가 되지 않겠다는 마음이 중요하다.

② '새로운 희생자'를 돕기 위해 지금까지 '희생자였던 당신'이 구원자가 된다. 이때 '새로운 희생자'를 지켜야 한다고 다짐한다.

2021년에 20대의 자위대 대원이 상관의 갑질 발언을 녹음해 언론에 고발한 사건이 있었습니다. 고발한 대원은 몇 번이나 상관을 죽이고 자신도 죽으려고 마음먹었지만, 가족을 생각해서 망설였고, 반격할 기회를 엿보았다고 합니다.

머릿속으로 가족을 가상의 '새로운 희생자'로 삼고 자신은 가족을 지키는 구원자의 위치로 이동한 것입니다. 결과적으로 본인의 생명과 상관의 생명도 지킬 수 있었습니다.

'드라마 삼각형'의 위치를 옮겨 갑질 문제를 해결한 사례라고 할 수 있습니다.

나보다
힘이 센 사람들을
앞세워라

　'희생자를 돕겠다'는 다짐을 하고 '희생자'의 위치에서 '구원자'의 위치로 이동했다면, '드라마 삼각형'을 좀 더 돌려봅시다.

　최종 지점은 새로운 '희생자'로 설정한 사람을 '구원자'로, 괴롭히는 자를 '희생자'로, 자신은 '박해자'의 위치에 두는 것입니다.

　'자신을 괴롭히던 사람을 이제는 내가 괴롭힌다'는 의미가 아닙니다. '반격'이라는 이름의 다른 공격을 하는 사람이 된다는 뜻입니다.

　상상 속에서 자신과 가까운 사람을 희생자로 삼아 자신이 구원자의 위치에 도달하면, 다음 단계는 '구원자 동료'를 늘리는 것입니다. 구원자가 늘어나면 구원자에서 박해자로 위치가 바뀌기 쉬워집니다.

구원자로는 변호사 등 전문가를 비롯해서, 직장이라면 상사, 학교라면 교사, 공적인 상담기관 등 어느 정도 권위 있는 대상을 선택하는 것이 효과적입니다.

다만 구원자로 삼은 사람이 아무런 도움이 되지 않을 수도 있습니다. 도움이 되지 않는 구원자는 빨리 단념하고 의지할 수 있는 다른 구원자를 찾아야 합니다.

직장 내 괴롭힘을 상사에게 상담했는데 '자네가 너무 예민한 거 아냐?', '자네의 인내심이 부족한 거 아냐?'와 같은 식으로 묵살하거나 대수롭지 않은 일이라며 은폐하려고 한다면, 더 윗선의 상사나 공적인 상담기관을 찾아가서 상담합니다.

학교에서 괴롭힘을 담임교사에게 상담해도 개선되지 않는다면 학년 주임이나 교감, 교장 등에게 이야기하고, 그래도 안 되면 교육위원회나 변호사에게 호소하는 식으로 대응합니다.

괴롭히는 상대와는
절대 타협하지 마라

주변에 구원자가 될 만한 사람이 없거나, 의지할 만한 사람이 없다면 돈을 들여서라도 변호사와 같은 전문가와 상담하는 것이 좋습니다.

권위 있는 사람과 상담했다면 명함을 받아서 최대한 활용하는 것도 방법입니다.

예를 들어 명함을 보란 듯이 눈에 띄는 장소에 두거나, 꼭 괴롭히는 사람이 아니더라도 다른 누군가와 이야기할 때 'ㅇㅇ에 아는 사람이 있으니까 상담해봐야겠다'라는 식으로 이야기하는 것입니다. 이런 것이 무슨 도움이 될까 싶을지도 모르겠지만, 상대가 '얕고 느슨한 사이코패스'라면 그런 상황을 인지한 시점에서 괴롭힘을 그만둘 가능성이 높습니다.

박해자가 '죽이겠다'고 위협하거나 폭행을 하는 등 생명의 위험을 느낀다면 상대는 '깊고 느슨한 사이코패스'에 빠져 있을 가능성이 높습니다. 이때는 경찰 등의 공공기관에 신고하고 적극적으로 대처해야 합니다.

상대에게 반드시 배상을 받겠다면, 변호사와 상의하여 소송 준비를 하는 것도 나쁘지 않습니다. '소송까지?'라며 망설

여진다면 다음과 같이 생각해봅니다.

괴롭힘이나 갑질 등의 공격은 교통사고와 같습니다. 운전자가 사고를 내서 사람에게 상처를 입혔다면 손해배상이라는 형태로 책임을 져야 합니다. 고의가 아닌 과실에 의한 사고라 해도 책임을 면할 수는 없습니다.

괴롭힘이나 갑질 등의 공격도 상대의 몸과 마음을 해쳤다면 손해배상의 책임을 져야 합니다. 공격받은 사람은 공격한 사람에게 그 책임을 추궁할 수 있습니다.

공격받은 사실이 있다면 증거를 모아두는 것이 좋습니다. 실제로 소송을 하지 않더라도 증거를 모으는 것은 중요한 일입니다.

교통사고라면 경찰이 현장을 조사하고 사고를 접수하여 기록으로 남깁니다. 이 기록으로 사고가 났다는 사실이 사라지지 않고, 가해자에게 책임을 물을 수 있습니다. 괴롭힘이나 갑질 등의 공격도 괴롭힘을 당한 정황이나 증거를 모아두는 것이 중요합니다.

공격받았다는
증거를 남기는 방법

괴롭힘이나 갑질 등 공격을 받았다는 증거를 남기는 가장 쉬운 방법은 욕설이나 폭언을 스마트폰으로 녹음하거나 녹화하는 것입니다.

그것이 어렵다면 메모라도 남겨둡니다. 메모에는 시간, 장소, 주위의 상황(그 자리에 누가 있었는지 등), 상대가 한 말이나 상대에게 당한 일, 자신이 한 말이나 자신의 반응 등을 기록합니다.

이것들을 정리한 후 변호사 등 전문가와 상담해도 좋고, 미리 전문가에게 증거를 남기는 방법에 대한 조언을 듣고 실행하는 것도 좋습니다.

경찰이나 변호사에게 상담하는 것은 장벽이 높고, 그 정도까지는 아니라고 생각한다면 관련 공공기관이나 전문기관의 상담 창구를 활용하는 것도 좋습니다. 전문가들이 구체적으로 어떻게 대처하면 좋을지 함께 고민해줄 것입니다.

첫
공격에서
잘 대응해야 한다

어렵게 용기 내어 도움을 요청했지만 구원자가 힘이 되어 주지 못한다고 느껴질 때가 있습니다. 그럴 때는 낙심하지 말고 바로 다른 구원자를 찾으면 됩니다. 도와줄 사람이 없다고 좌절하지 말고 여러 사람 중에 더 나은 아군을 찾는다고 마음먹으면 한결 편합니다.

절망에 빠져 해결을 위한 걸음을 멈추는 것만큼은 절대 피해야 합니다.

실제로 구원자가 쓸모없는 수준을 넘어서 희생자의 발목까지 잡는 사례도 있습니다. 일본에서 스토커 규제법이 제정되는 계기가 된 '오케가와 스토커 살인 사건'에서는 구원자여야 할 경찰의 대응이 비난을 받았습니다.

전 남자친구와 그의 동료로부터 집요한 스토킹을 당한 여성이 결국 그들의 손에 살해된 사건입니다. 경찰은 신변의 위험을 느끼고 고소한 피해자를 제대로 보호해주지 않았습니다. 뿐만 아니라 피해자에게 고소를 취하하도록 요구하거나 조서를 조작하는 등 사건을 방치했습니다. 피해자에게 경찰 이외에 다른 구원자가 있었다면 결말이 달라지지 않았을까요?

얕은 공격에서
깊은 공격으로 변화할 때

희생자가 의지할 수 있는 구원자가 생기면, 이제는 '박해자'에 대한 입장을 바꿔갑니다.

박해자가 얕고 느슨한 사이코패스라면 '통제 가능한 의식'에서 비롯된 공격이므로 '사회적인 제재를 받고 싶지 않다', '해고되고 싶지 않다'와 같은 의식이 작용하여 공격을 그만둘 수 있습니다.

그래서 변호사나 전문가, 교사나 상사, 또는 경찰 및 공공기관 등에 요청하는 것만으로 상대가 공격을 멈출 수도 있습니다.

박해자가 '깊고 느슨한 사이코패스'에 빠져 있다면, 권위자가 뒤에 있든 말든 상관없이 공격을 계속할 가능성이 높습니다. 이때는 신중한 방법을 강구해야 합니다.

박해자가 얕고 느슨한 사이코패스인지 아니면 깊고 느슨한 사이코패스인지를 구분하는 명확한 기준은 아쉽게도 없습니다. 얕고 느슨한 사이코패스가 갑자기 깊고 느슨한 사이코패스로 돌변할 수도 있습니다. 무엇에 자극받아 깊고 느슨한 사이코패스로 돌변하는지는 본인조차 알지 못합니다.

목숨을 위협하는 말('죽이겠다', '죽어라' 등)을 한다면 우선 깊고 느슨한 사이코패스를 의심할 수 있으나 단순히 입이 험악해서 그런 말을 하는 사람도 있습니다. '이것도 못 하면 죽는 게 나아'와 같이 '노력가 유형'이나 '완벽주의 유형'인 얕고 느슨한 사이코패스와 구분하기 힘든 폭언도 있습니다.

폭언과 더불어 '물건을 부순다', '큰 소리를 내며 위협한다', '여러 명으로부터 공격받는다', '죽이는 방법을 구체적으로 언급한다' 등의 상황이 벌어진다면 깊고 느슨한 사이코패스일 가능성이 높으니 주의해야 합니다.

희생자의 감각에 의존해서 얕고 깊음을 판단해도 좋습니다. '저 사람이 나를 죽일지도 모른다'는 생각이 들 정도로 신변의 위험을 느낀다면 틀림없이 깊고 느슨한 사이코패스의 공격이라고 할 수 있습니다.

치밀한
반격의
시나리오

'얕고 느슨한 사이코패스'에게 반격한 사례를 소개하겠습니다.

하나 씨는 직장에서 괴롭힘을 당하고 있었습니다. 괴롭힘이 시작된 계기는 동기 중에서 하나 씨만 주임으로 승진한 것이었습니다.

승진하기 전까지 사이가 좋았던 동기들은 질투심에 "대단한 줄이라도 있는 모양이지"라며 허무맹랑한 소문을 내는가 하면, 들으라는 듯이 "능력 없는 사람이 위로 올라가면 다른 사람들까지 고생이야"라며 비꼬았습니다. 대놓고 하나 씨를

'낙하산'이라고 부르기도 했습니다.

상사에게 상담해도 "그러다가 말 것이다. 문제를 크게 만드느니 그냥 내버려두는 것이 낫다"는 말로 '나한테 얘기하지 말라'는 태도를 보였습니다.

하나 씨의 어머니조차 직장 동료들의 괴롭힘으로 힘들어하는 딸을 걱정한 나머지 잠을 잘 이루지 못할 때도 많았습니다.

결국 하나 씨는 녹음기를 주머니에 숨겨 동료들이 자신을 욕하는 소리를 녹음했습니다. 언제 그랬는지 날짜와 시간까지 녹음했습니다.

자신의 명찰이 쓰레기통에 버려져 있거나 직원들이 돌아가며 쓰레기를 비울 때 하나 씨 자리의 쓰레기통만 비우지 않는 등의 사건은 메모로 기록했습니다.

직접 말로 들은 괴롭힘도 메모해두었습니다. 몇 월 며칠 몇 시 몇 분에 누구에게 무슨 말을 들었는지, 어떤 상황이었는지, 몸과 마음이 어떻게 힘들었는지를 적어 내려갔습니다.

그리고 다시 상사에게 상담을 요청했으나, 역시 '나한테 얘기하지 말라'고 말하는 소리까지 녹음했습니다.

불면증으로 병원 진찰을 받으면서 의사에게 '우울증' 진단

서를 받았고, 소송을 진행할 때를 대비해서 관공서의 법률상
담을 통해 변호사와 상담도 했습니다.

이 정도라면 사전 준비는 충분합니다.

담담하고 냉정하게, 사실만을 말하라

그러던 어느 날, 동료들이 하나 씨를 비방하는 소리가 들
려왔습니다. 하나 씨는 드디어 반격을 시작할 때라고 생각했
습니다.

반격할 용기가 생기지 않아 망설여지기도 했지만 어머니를
떠올리고는 자기 때문에 괴로워하실 어머니를 구해야겠다는
생각이 강해졌습니다.

얕고 느슨한 사이코패스의 공격을 멈추게 하려면 권위자
가 내 편이라는 사실을 드러내는 것이 좋습니다. 감정적으로
대응하지 말고 담담하고 냉정하게 사실을 알리면 됩니다.

"낙하산이 오늘도 출근했네. 참 뻔뻔하기도 하지"라는 소
리가 들리자, 하나 씨는 용기를 내어 물었습니다.

"지금 누구를 두고 하는 말인가요?"

험담하던 동료들은 흠칫 놀라는 표정을 지었지만 곧바로 "무슨 말?"이라며 시치미를 떼듯 말했습니다.

"저는 여러분이 저를 험담하는 것 때문에 지금 병원에 다니고 있어요. 의사 선생님이 치료를 위해 일상을 기록하라고 해서 지금 말씀하신 '낙하산'이라는 말도 녹음했어요."

그렇게 말하자 동료들은 "네가 뭔데 마음대로 남의 대화를 녹음해? 사생활 침해야!"라며 흥분했습니다.

"따로 기록하려고 녹음한 것은 아니에요. 어쩌다가 들어간 목소리가 있다고 해도 범죄는 아니라고 변호사도 말했습니다"라고 하나 씨는 찬찬히 말했습니다.

"변호사?"

"사내 중상모략으로 우울증을 얻었으니, 제대로 대처하는 것이 좋다고 생각해서 변호사에게 상담받고 있거든요."

그리고 메모장을 꺼내 이렇게 말했습니다.

"예를 들어, 7월 3일 10시 15분에 '줄 잘 서서 승진하더니 역시 무능하군'이라고 C씨가 말했고, 다른 사람들도 그 말에 동조하는 소리가 우연히 녹음되었네요. 이건 증거 자료가 된다는군요."

"……."

화를 이기는 불편한 심리학

"그리고 부장님은 별로 도움이 되지 않아서, 직접 사장님과 상의하기로 했습니다. 사장님과 면담 약속도 잡아뒀어요. 사장님과 면담하기 전에 이 기록을 가지고 노동부에 가서 상담하는 것도 생각하고 있고요. 노동부에서 조사를 시작하면 회사도 더 이상 모른 척하기 힘들 거예요."

"우리가 누군가를 욕한 것이 사실이라고 해도, 꼭 당신을 두고 한 말이라고 할 수는 없잖아요?"

"그럴지도 모르겠네요. 그 부분도 포함해서 변호사와 상의할게요."

이렇게 말하면 상대는 지금까지 했던 비방이 기록되어 있다는 사실에 초조해지기 시작할 것입니다.

하나 씨는 변호사와 의사를 구원자로 삼았고, 앞으로 사장이나 근로감독관을 구원자로 추가할 생각이라는 사실을 상대에게 알리기만 했습니다.

느슨한 사이코패스에 대한 반격은 하나 씨처럼 담담하게 사실을 알리는 것이 포인트입니다. 흥분해서 반격하거나 분노나 우월감을 드러내면 반대로 상대에게 말려들 수 있습니다. 교통사고와 마찬가지로 '이런 가해 행위가 있었다'는 사실만을 상대에게 공개적으로 알립니다. 그것이 상대를 정신적으로 몰아붙이는 방법입니다.

이렇게 사실을 알리고 상대를 몰아붙이면, 동료들은 박해자에서 희생자로, 원래 희생자였던 사람은 구원자에서 박해자로 위치가 바뀝니다.

상대가 얕고 느슨한 사이코패스라면 자신이 곤란해지거나 손해배상까지 하면서 계속 괴롭힐 이유는 없다고 생각합니다. 곧바로 이성적인 사고를 하고 괴롭힘을 그만둘 가능성이 높습니다.

상대의
분노에
대처하는 법

스티븐 카프먼의 '드라마 삼각형'의 위치를 바꾸는 방법은 얼핏 복잡하고 힘들어 보이지만, 사실은 누구나 특별히 의식하지 않고 지금까지 해온 일입니다.

깊고 느슨한 사이코패스의 공격에도 '드라마 삼각형'의 위치를 바꾸는 것이 문제를 해결하는 데 유효한 방법입니다. 따라서 깊고 느슨한 사이코패스에 대한 반격도 기본적으로는 얕고 느슨한 사이코패스에 대한 반격과 같은 방식입니다.

다만 깊고 느슨한 사이코패스는 종종 이성이 제어되지 않는 탓에 얕고 느슨한 사이코패스에 대한 반격처럼 원만하게 해결되지 않을 수도 있습니다. '변호사를 선임해서 당신을 고소하겠다', '경찰과 상담 중이다'라고 밝힌들, 박해자는 '그래서 뭐?' 정도의 반응만 보일 뿐 계속 공격할 수 있습니다.

폭력을 행사하거나 '죽이겠다'고 협박하고 금품을 갈취하는 등 명백한 범죄행위가 있다면 경찰에 신고해야 합니다.

심한 괴롭힘이나 폭력이 발생할 가능성이 있다면 상대와 대치해야 할 때 변호사를 동반하는 것이 좋습니다.

깊고 느슨한 사이코패스에게는 과할 정도로 충분한 주의가 필요하므로 훨씬 더 치밀하게 준비해서 대처해야 합니다.

심적 충격이 크다면
일단 그 공간을 벗어나자

괴롭힘이 시작되면 신속하게 구원자를 찾아 증거를 수집해 '드라마 삼각형'의 위치를 전환해야 합니다. 하지만 괴롭힘이나 갑질이 오래 지속되었거나 정도가 심하면 희생자의 충격이 크고 심적으로 지쳐 증거를 수집하거나 반격을 준비하지 못할 수도 있습니다.

이럴 때 희생자는 먼저 박해자에게 공격당하는 공간을 벗어나는 것이 중요합니다. 학교에서 괴롭힘이라면 휴학, 직장 내 괴롭힘이라면 휴직을 하는 것입니다.

충분히 쉬고 심적 활기를 되찾을 즈음에는 학교나 직장의 상황이 바뀔지도 모릅니다. 가능하다면 복귀하기 전에 구원자가 되어줄 사람과 상담하는 것이 좋습니다. 복귀하고 나서도 박해자의 공격이 계속된다면 공격의 증거를 수집하고 신뢰할 수 있는 구원자를 찾아 충분히 주의하면서 '드라마 삼각형'의 위치를 바꿔야 합니다.

또한 희생자가 쉬고 있는 동안에 가족 등 밀접한 사람을 구원자로 삼는 것도 해결 방법 중 하나입니다. 이때는 가능하다면 구원자가 공격받았다는 증거를 수집해서 경찰, 변호사, 상담기관 등 신뢰할 수 있는 구원자를 추가로 찾는 등 진영을 늘리면 좋습니다. 이렇게 충분한 구원자 진영을 꾸리고 나서 박해자에게 반격하는 것입니다.

마음의 버릇을
조금씩
바꿔나간다

    어쩌면 자신이 느슨한 사이코패스가 되어 누군가를 공격했을지도 모릅니다. 누구나 마음속에 느슨한 사이코패스가 잠재되어 있을 가능성이 충분하니까요.

    그런 의미에서 마지막으로 자신의 공격을 스스로 막는 방법을 알려드리겠습니다. 내 안에 잠재되어 있는 느슨한 사이코패스의 존재를 먼저 받아들이고, 자포자기 상태로 자신이나 타인에게 상처를 주고 공격하는 일이 없도록 대책을 세워야 합니다.

마음의 버릇과
반대로 생각한다

'섬세한 유형'과 '존재하지 마라'의 조합, '성급한 유형'과 '생 각하지 마라'의 조합처럼 자신이 느슨한 사이코패스가 될 수 있는 '마음의 버릇'과 '분노의 근원'에 어떤 것들이 있는지 어 렴풋하게나마 알게 되었을 것입니다.

'마음의 버릇'과 '분노의 근원'은 유아기의 체험이나 감정과 매우 깊은 관련이 있기에 쉽게 뿌리 뽑을 수 없습니다. 또한 성장하면서 '마음의 버릇'이나 '분노의 근원'을 하나도 지니지 않고 성인이 된 사람은 없습니다. 그렇기 때문에 스스로 깨 닫고 조금씩 궤도를 수정해나갈 수밖에 없습니다.

그 방법 중 하나가 '마음의 버릇'을 스스로 '허락'하는 것입 니다.

- 섬세한 유형이라면, '남보다 자신을 소중히 대해도 괜찮아.'
- 노력가 유형이라면, '인생을 즐겨도 괜찮아. 해야 할 일을 했 다면 그걸로 충분해.'
- 강한 척하는 유형이라면, '어떤 감정을 가져도 괜찮아.'
- 완벽주의 유형이라면, '다 잘할 수는 없어. 못하는 일이 있는 것도 당연해. 지금 그대로도 괜찮아.'

자신에게 이런 이야기를 몇 번이고 들려줘서 그릇된 편견을 조금씩 고쳐나가는 방법입니다.

분노의 에너지를
몰입의 에너지로 바꾸기

물론 몸에 밴 편견을 없애는 것은 쉬운 일이 아닙니다. 꽤 시간이 걸리는 일이기도 합니다. 그래서 추천하고 싶은 방법은 몸으로 하는 일입니다.

그중 하나는 '건전한 몰입'입니다. 뭔가를 만드는 일이나 스포츠, 텃밭 가꾸기, 독서 등 무엇이든 상관없습니다. 열중할 수 있는 일을 찾아서 마주하는 것입니다.

'죽고 싶다', '나는 가치가 없다' 등 격한 분노가 끓어오를 때 몰입할 수 있는 일을 함으로써 마음을 다그치는 강한 에너지를 건전한 방향으로 돌립니다. 말하자면 긴장을 풀거나 몰입할 수 있는 취미를 가지는 것입니다.

그렇다고 해서 '성급한 유형'이 각종 취미에 열중하는 것처럼 쫓기듯 하는 것은 의미가 없습니다. 누군가와 비교하지 않아도 되는 정말로 열중할 수 있는 일이 좋습니다.

단, 아무리 좋아도 도박 등 불법적인 것은 안 됩니다. 사회적으로 인정받을 수 있는 것이 좋습니다. 사회적으로 비난받을 수 있거나 남에게 공개할 수 없는 일을 하면 죄책감이나 수치심으로 인해 더 스트레스를 느낄 수 있습니다. 또, 음주나 흡연은 '건전한 몰입'이 아니라 중독이기 때문에 적당하지 않습니다.

물론 '일이 취미'여서도 안 됩니다. 의무감이 수반되면 긴장을 풀 수 없습니다. 어디까지나 완성을 요구하지 않고, 원할 때 시작해서 원할 때 끝낼 수 있는 것이 좋습니다.

몰입할 수 있는 일을 찾기란 생각만큼 쉽지 않습니다. '완벽주의 유형'은 '모든 장비를 갖추어야 한다'고 생각할지도 모릅니다. 자신에게 맞는 일을 만날 때까지는 가능한 돈을 너무 많이 들이지 않는 것이 좋습니다.

욱하는 감정을 단번에 누그러뜨리는 법

'건전한 몰입'이 좋다고는 해도 분노가 충동적으로 폭발하는 순간에 몰입 모드로 전환하기는 쉽지 않을 것입니다. 그래서 또 하나, '마음의 버릇'을 사용해서 '분노의 근원'이 발동하는 것을 막는 방법을 소개하겠습니다.

예를 들어 '성급한 유형'인 사람은 자포자기하고 싶은 생각이 들면 순간적으로 빠르게 펀치를 날리는 동작을 합니다. '성공하지 마라'는 분노의 근원에 빠져 있다면 '어차피 나는 잘될 리가 없다'는 분노가 자주 치밀어 오를 것입니다.

그럴 때면 공중에 대고 펀치를 세 번 날리는 것입니다. 또 중요한 일을 앞두고 있는 상황, 즉 '성공하지 마라'는 의식이 방해받을 일을 해야 할 때는 화장실이나 탈의실 등에서 미리 펀치를 날리는 동작을 합니다. 서두르고자 하는 충동을 펀치 날리는 동작으로 충족하는 것입니다.

또한 '서두르고 싶다는 충동을 펀치로 충족했으니, 이제 천천히 즐기면서 나를 소중히 여기자'고 스스로를 타이릅니다. 그러면 일이 잘 풀리지 않아도 자포자기해서 스스로 무너지는 일은 없습니다.

이와 같이 '특정 동작과 허락'을 같이 실행하면 분노의 근원에서 비롯된 공격을 효율적으로 막을 수 있습니다.

어디서나 할 수 있고 특별한 도구가 필요 없는 동작을 생각해서 실천해보길 바랍니다.

'섬세한 유형'이라면, 자기 어깨나 팔을 부드럽게 쓰다듬을 수 있는 촉감이 좋은 천(손수건 등)을 만지거나 좋아하는 향기를 맡는 방법이 있습니다. 섬세한 마음을 다독이며 진정하는 것입니다.

'노력가 유형'이라면, 눈앞의 사물을 찬찬히 관찰하거나 자동차 번호판을 외우는 등 열심히 하려는 욕구를 충족할 수 있는 일을 몇 가지 정해둡니다. 펀치를 날리는 동작도 좋습니다.

'강한 척하는 유형'이라면, 스쿼트나 다리 올리기와 같은 가벼운 근육 트레이닝을 하면서 자신의 튼튼함을 확인해보거나 신체를 단련할 수 있는 일을 찾아보는 것은 어떨까요?

'완벽주의 유형'이라면, 오늘 해낸 일을 3가지 떠올려보면서 자신의 완벽함을 확인합니다. 단, 3가지로 정해두지 않으면 그 수를 늘리는 것 자체가 목적이 될 수 있으니 주의하는 것이 좋습니다.

이런 방법이 아니더라도 자신이 침착해지고 냉정해질 수 있는 동작이나 행위를 찾아봅니다.

'허락'과 '건전한 몰입'을 계속 이어나가다 보면 어느새 마음이 해방되고 있다는 것을 깨닫게 됩니다. 그리고 누구보다 나를 소중히 여기는 나 자신을 만나게 될 것입니다.

마음의 버릇과 분노의 근원은 그저 착각이나 편견에 지나지 않습니다. 실제로 존재하지 않는 망상 때문에 인생을 망치지 말아주세요. 여러분은 마음의 버릇이나 분노의 근원의 노예가 아닙니다.

이 책을 읽는 분들이 이제부터라도 자유로운 마음을 갖고 행복한 삶을 살 수 있기를 진심으로 바랍니다.

화를 이기는 불편한 심리학

화로부터
멀어지는
심리적 습관

인간은 원래 공격하며 살아가는 동물입니다. 이러한 본능을 인지하고 공격의 종류와 대처 방법을 아는 것이 결국 마음이 풍요로운 삶을 사는 바탕이 됩니다.

이 책에서는 '느슨한 사이코패스'라는 말을 사용하여 공격하는 사람의 심리를 설명했습니다. 이 말을 사용한 이유는 사람은 누구나 상황에 따라서는 사이코패스와 유사한 상황에 빠질 수 있기 때문입니다.

느슨한 사이코패스는 성장 과정에서 몸에 배는 것으로, 무의식의 얕은 곳에서 공격성이 나타나는 '얕고 느슨한 사이코패스'와 무의식의 깊은 곳에서 공격성이 나타나는 '깊고 느슨한 사이코패스' 두 종류가 있습니다.

여러분이 현재 공격을 당하고 있어서 괴로운 상황이라면, 우선 공격하는 사람이 어떤 유형의 공격을 하는지 생각해봅시다.

또한 반격할 때는 '드라마 삼각형'의 위치를 바꾼다는 생각으로 대처해나갑니다.

집을 지을 때는 먼저 설계도를 그립니다. 전쟁 중이라면 지도를 앞에 두고 전략을 짭니다. 마찬가지로 '느슨한 사이코패스'로 돌변한 사람의 공격에 대해서도 삼각형을 그려 작전을 짜는 것을 추천합니다. 삼각형이 반격을 위한 작전도인 것입니다.

상대방이 어떤 유형의 공격을 하는지를 파악한 후 반격하려면 충분한 준비와 작전이 필요합니다.

누군가의 공격으로 괴롭다면 먼저 희생자의 위치에서 벗어나는 것이 중요합니다. 희생자의 위치가 고착화되고 나면 좀처럼 벗어나기 힘들 뿐만 아니라, 결국 비극을 향해 나아갈 수 있습니다.

희생자의 위치에서 벗어나려면 상대가 어떤 마음의 버릇과 분노의 근원을 가지고 공격하는지 판별하고 충분히 준비

화를 이기는 불편한 심리학

한 후에 반격해야 합니다.

이 책에서는 '왜 사람은 누군가를 공격하는가'와 '공격을 받았더라도 반격할 수 있다'고 설명했지만, 결코 공격을 권장하는 것은 아닙니다.

인간의 본능이기는 하지만 사람이 사람을 공격하지 않는 세상을 꿈꿉니다.

인간이 공격하며 살아가는 동물이라면 그것을 막거나 빠져나가는 것이 공격하지 않는 세상으로 나아가는 방법입니다. 상대의 공격에 올바르게 반격하여 자신을 지키고, 자신도 모르게 남을 공격하는 행동을 미연에 방지하면 보다 나은 인간관계를 구축할 수 있습니다.

화를 이기는
불편한 심리학

초판 1쇄 인쇄 2024년 7월 15일
초판 1쇄 발행 2024년 7월 20일

지은이 다카시나 다카유키
옮긴이 신찬
펴낸이 정서윤
편집 추지영
디자인 이다오
마케팅 신용천
물류 책글터
펴낸곳 밀리언서재
등록 2020. 3. 10 제2020-000064호
주소 서울시 마포구 동교로 75
전화 02-332-3130
팩스 02-3141-4347
전자우편 million0313@naver.com
블로그 https://blog.naver.com/millionbook03
인스타그램 https://www.instagram.com/millionpublisher
ISBN 979-11-91777-79-6 03190
정가 18,000원